AF275104

COLEX
READER

COLEX

Disfrute gratuitamente **DURANTE UN AÑO** del eBook de esta obra

Práctica de tribunales.
Derecho Procesal Civil. Parte General

⊘ Acceda a la página web de la editorial **www.colex.es**

⊘ Identifíquese con su usuario y contraseña. En caso de no disponer de una cuenta regístrese.

⊘ Acceda en el menú de usuario a la pestaña «Mis códigos» e introduzca el que aparece a continuación:

RASCAR PARA VISUALIZAR EL CÓDIGO

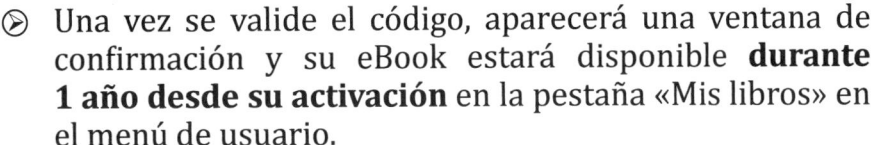

⊘ Una vez se valide el código, aparecerá una ventana de confirmación y su eBook estará disponible **durante 1 año desde su activación** en la pestaña «Mis libros» en el menú de usuario.

¡Gracias por confiar en Colex!

La obra que acaba de adquirir incluye de forma gratuita la versión electrónica. Acceda a nuestra página web para aprovechar todas las funcionalidades de las que dispone en nuestro lector.

Funcionalidades eBook

Acceso desde cualquier dispositivo

Idéntica visualización a la edición de papel

Navegación intuitiva

Tamaño del texto adaptable

Puede descargar la APP «Editorial Colex» para acceder a sus libros y a todos los códigos básicos actualizados.

    Síguenos en: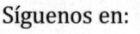

COLECCIÓN
FORO PROCESAL

1

PRÁCTICA DE TRIBUNALES
DERECHO PROCESAL CIVIL
PARTE GENERAL

COLECCIÓN
FORO PROCESAL

1

PRÁCTICA DE TRIBUNALES
DERECHO PROCESAL CIVIL
PARTE GENERAL

Ana M.ª VICARIO PÉREZ

COLEX 2024

© Ana M.ª VICARIO PÉREZ

© Editorial Colex, S. L.
Calle Costa Rica, número 5, 3.º B (local comercial)
A Coruña, C. P. 15004
info@colex.es
www.colex.es

I. S. B. N.: 978-84-1194-335-2
Depósito legal: C 502-2024

SUMARIO

CASOS PRÁCTICOS Y PREGUNTAS TIPO TEST

Práctica 1. Nociones generales del proceso civil 13

Práctica 2. Competencia objetiva 17

Práctica 3. Competencia funcional 21

Práctica 4. Competencia territorial 25

Práctica 5. Capacidad para ser parte y capacidad procesal 29

Práctica 6. Postulación procesal 33

Práctica 7. Pluralidad de partes 37

Práctica 8. Sucesión procesal 41

Práctica 9. Acumulación de acciones 45

Práctica 10. Diligencias preliminares 49

Práctica 11. Ómnibus I 53

Práctica 12. Ómnibus II 55

Practica 13. Métodos alternativos de solución de conflictos 57

Práctica 14. Demanda 61

Práctica 15. Contestación a la demanda y actitudes del demandado   65

Práctica 16. Audiencia previa   69

Práctica 17. Juicio   73

Práctica 18. Proposición y práctica de la prueba   77

Práctica 19. Sentencia   81

Práctica 20. Ómnibus III.   85

Práctica 21. Ómnibus IV   87

Práctica 22. Conclusión anormal del proceso   89

Práctica 23. Medios de impugnación de resoluciones   93

Práctica 24. Juicio verbal.   97

SOLUCIONES

Práctica 1. Nociones generales del proceso civil   103

Práctica 2. Competencia objetiva   105

Práctica 3. Competencia funcional.   107

Práctica 4. Competencia territorial   109

Práctica 5. Capacidad para ser parte y capacidad procesal   111

Práctica 6. Postulación procesal.   113

Práctica 7. Pluralidad de partes   115

Práctica 8. Sucesión procesal   117

Práctica 9. Acumulación de acciones   119

Práctica 10. Diligencias preliminares 121

Práctica 11. Ómnibus I. 123

Práctica 12. Ómnibus II 125

Práctica 13. Métodos alternativos de solución de conflictos 127

Práctica 14. Demanda 129

Práctica 15. Contestación a la demanda y actitudes del demandado 135

Práctica 16. Audiencia previa 141

Práctica 17. Juicio 143

Práctica 18. Proposición y práctica de la prueba 145

Práctica 19. Sentencia 147

Práctica 20. Ómnibus III. 149

Práctica 21. Ómnibus IV 151

Práctica 22. Conclusión anormal del proceso 153

Práctica 23. Medios de impugnación de resoluciones 155

Práctica 24. Juicio verbal. 157

CASOS PRÁCTICOS Y PREGUNTAS TIPO TEST

PRÁCTICA 1

NOCIONES GENERALES DEL PROCESO CIVIL

Casilda y María suscribieron, el 8 de marzo de 2022, contrato de compraventa de vehículo, en virtud del cual, Casilda adquiría el vehículo mediante el pago a María de la cantidad de 7500 euros. Entregadas las llaves, Casilda ingresa mediante transferencia a la cuenta bancaria de la vendedora la cantidad de 6000 euros, tras lo cual le remite un mensaje señalando que no va a proceder al pago de la cantidad restante, pues a su juicio el coche no tiene más valor.

Presentada petición inicial de procedimiento monitorio, y tras la oposición de Casilda, el órgano judicial señala la celebración de vista para el 3 de diciembre de 2023, indicando que el mismo se llevará a cabo a través de videoconferencia, dado que María ha trasladado su domicilio fuera de España. Llegado el día del juicio, con Casilda en Sala, el sistema tecnológico falla, no pudiendo conectar con María. Sin embargo, el juicio prosigue su celebración.

Al cabo de unas semanas, María es notificada con sentencia desestimatoria de su demanda.

1. ¿Qué tipo de procedimiento se ha seguido?
2. ¿Es posible la celebración del juicio mediante videoconferencia?
3. ¿Se ha vulnerado algún principio procesal?

Preguntas test

1. A través de la acción meramente declarativa:

   a) Se solicita del órgano judicial un simple pronunciamiento sobre la existencia o no de un derecho, relación jurídica o un hecho.

   b) El actor pide que se imponga al demandado el cumplimiento de una determinada prestación (dar, hacer o no hacer).

   c) Se solicita un pronunciamiento del juez que cree una consecuencia jurídica que hasta el momento no existía y que no puede originarse sino a través de la sentencia.

   d) Se trata de garantizar el resultado de un proceso posterior.

2. Se decidirán en el juicio ordinario las demandas:

   a) Que pretendan que el tribunal ponga en posesión de bienes a quien los hubiere adquirido por herencia si no estuvieren siendo poseídos por nadie a título de dueño o usufructuario.

   b) Que pretendan la tutela sumaria de la tenencia o de la posesión de una cosa o derecho por quien haya sido despojado de ellas o perturbado en su disfrute.

   c) Relativas a derechos honoríficos de la persona.

   d) Todas son ciertas

3. Son principios procesales básicos:

   a) Contradicción e igualdad entre las partes.

   b) Oralidad.

   c) Publicidad.

   d) Todas son ciertas.

4. Se decidirán en el juicio verbal las demandas:

   a) En las que se ejerciten acciones colectivas relativas a condiciones generales de contratación en los casos previstos en la legislación sobre esta materia.

   b) Las que ejerciten una acción de retracto de cualquier tipo.

   c) Las que pretendan la tutela del derecho al honor, a la intimidad y a la propia imagen.

   d) Las que pretendan que el tribunal resuelva, con carácter sumario, la suspensión de una obra nueva.

5. **En un proceso declarativo de condena:**

   a) Se solicita del órgano judicial un simple pronunciamiento sobre la existencia o no de un derecho, relación jurídica o un hecho.

   b) El actor pide que se imponga al demandado el cumplimiento de una determinada prestación (dar, hacer o no hacer).

   c) Se solicita un pronunciamiento del juez que cree una consecuencia jurídica que hasta el momento no existía y que no puede originarse sino a través de la sentencia.

   d) Se trata de garantizar el resultado de un proceso posterior.

PRÁCTICA 2

COMPETENCIA OBJETIVA

> *Por medio del «criterio objetivo» para la determinación de la competencia, se concreta cuál de los órganos jurisdiccionales que pertenecen al orden jurisdiccional civil (Juzgado de Paz, Juzgado de Primera Instancia, Audiencia Provincial, Tribunal Superior de Justicia o Tribunal Supremo) habrán de resolver. sobre un asunto concreto en primera instancia.*

1. Diego ha presentado demanda de divorcio contra su mujer Paula. ¿Qué órgano será competente para conocer del proceso? ¿A qué criterio de determinación de la competencia nos referimos?

2. La empresa FORMULA7SA, con sede en Zaragoza, tras una gran apuesta económica, y fallida con su nuevo modelo de negocio, entra en quiebra, debiendo de iniciar un procedimiento de concurso de acreedores. ¿Qué órgano conocerá del asunto?

3. En el supuesto en que la resolución del órgano anterior se impugne por parte de los trabajadores en cuestiones relativas a su salario. ¿Qué órgano conocerá del asunto?

4. Jaime y Luisa contrajeron matrimonio en 2018. Desde 2019, Jaime ha venido sosteniendo una conducta agresiva para con Luisa, que culminó el 15 de octubre de 2021 con una agresión física que provocó a la mujer graves lesiones, para las cuales el art. 148 CP prevé una pena privativa de libertad de dos a cinco años. ¿A qué jurisdicción corresponderá el conocimiento de las fases de instrucción y juicio oral del proceso? Si Jaime y Luisa decidieran divorciarse, ¿qué órgano será competente para conocer del proceso de divorcio?

5. Sonia Rodríguez, presidenta de la Comunidad Autónoma XX, ha sido demandada por un grupo de ciudadanos afectados por una decisión que, no conforme a la legalidad, les causó un grave perjuicio económico en sus pequeños negocios. ¿Qué órgano será el competente para conocer del proceso judicial?

Preguntas test

1. **La Sala de lo Civil y Penal del Tribunal Superior de Justicia conocerá, como Sala de lo Civil:**

   a) En segunda instancia, de las demandas de responsabilidad civil, por hechos cometidos en el ejercicio de sus respectivos cargos, dirigidas contra el Presidente y miembros del Consejo de Gobierno de la Comunidad Autónoma.

   b) En única instancia, de las demandas de responsabilidad civil, por hechos cometidos en el ejercicio de su cargo, contra todos o la mayor parte de los magistrados de una Audiencia Provincial o de cualesquiera de sus secciones.

   c) De las demandas de responsabilidad civil por hechos realizados en el ejercicio de su cargo, dirigidas contra el Presidente del Gobierno, Presidentes del Congreso y del Senado, Presidente del Tribunal Supremo y del Consejo General del Poder Judicial.

   d) De las demandas de responsabilidad civil dirigidas contra Magistrados de la Audiencia Nacional o de los Tribunales Superiores de Justicia por hechos realizados en el ejercicio de sus cargos.

2. **La competencia objetiva residual en el orden jurisdiccional civil se atribuye a:**

   a) Los Juzgados de Primera Instancias.

   b) La Sala de lo Civil y Penal del Tribunal Superior de Justicia.

   c) La Audiencia Provincial.

   d) La Sala de lo Civil del Tribunal Supremo.

3. **Son caracteres del criterio objetivo de determinación de la competencia:**

   a) Es un criterio originario, en el sentido de que puede determinarse desde el inicio, sin que estén determinados todavía los otros dos criterios funcional o territorial.

   b) Es absoluto, en el sentido de que sus normas reguladoras son inderogables o improrrogables por las partes.

   c) a y b son incorrectas.

   d) a y b son correctas.

4. La falta de competencia objetiva:

   a) Puede apreciarse de oficio por el Juez que conoce del asunto, tan pronto como lo advierta.

   b) El demandado puede denunciar la falta de competencia objetiva del Juez que conoce del asunto por medio de declinatoria.

   c) El órgano judicial se pronunciará por medio de Auto en el que indicará si es o no objetivamente competente.

   d) Todas son ciertas.

5. Del concurso de acreedores de persona física conocerá en primera instancia:

   a) Juzgado de Paz.

   b) Juzgado de Primera Instancia.

   c) Juzgado de lo Mercantil.

   d) Ninguna es correcta.

PRÁCTICA 3

COMPETENCIA FUNCIONAL

> *El criterio de determinación de la competencia funcional obedece a las diversas instancias en que puede desarrollarse un asunto, en función de las fases procedimentales en las que se estructura el proceso.*

1. ¿A qué órgano jurisdiccional le corresponde conocer de una cuestión de competencia surgida entre el Juzgado de 1ª Instancia n.º 4 de Córdoba, y el Juzgado de 1ª Instancia n.º 6 de Burgos?

2. Carla, casada con Manuel desde el año 1987, han presentado contra éste una demanda de divorcio en el Juzgado de 1ª Instancia de Sevilla, correspondiéndose con el lugar donde el matrimonio tuvo su último domicilio común. En virtud de las reglas de reparto del referido Juzgado, el asunto va a ser conocido por el Juez Antonio Garrido, titular del Juzgado de 1ª Instancia número 4. Antonio y Manuel son amigos desde hace más de 25 años, dado que ambos estudiaron juntos la carrera de Derecho en la Universidad de Sevilla y han mantenido un estrecho contacto desde entonces. El abogado de Carla se plantea la conveniencia de presentar escrito de recusación contra el juez. En tal caso ¿qué órgano es competente para resolver esta cuestión?

3. Patricia y Lucas suscribieron un contrato privado de compraventa de bien inmueble en marzo de 2023. Tras la entrega de las llaves por parte de Patricia, en su condición de vendedora, el comprador Lucas procedió al pago parcial del valor acordado, restando la entrega de 20.000 euros de los 80.000 euros estipulados en el contrato. Tras un intento de reclamación extrajudicial que no fue atendido por Lucas, Patricia interpuso la correspondiente demanda por incumplimiento contractual y reclamación de cantidad ante el Juzgado de Primera Instancia de Cáceres, lugar donde se encuentra ubicado el bien inmueble. El órgano dictó sentencia estimatoria de las pretensiones de la demandante, frente a lo cual el comprador decidió interponer recurso de apelación, por considerar que el no pago de la cantidad de 20.000 euros estuvo justificado por los defectos existentes en el inmueble. ¿Qué órgano será competente para conocer del recurso en cuestión?

Preguntas test

1. La determinación de la competencia de los órganos judiciales para la adopción de medidas cautelares se corresponde con un criterio:

   a) Objetivo.

   b) Funcional.

   c) Territorial.

   d) Personal.

2. Del recurso de apelación contra una sentencia dictada en primera instancia por el Juzgado de 1ª Instancia conocerá:

   a) Como Sala de lo Civil, la Sala de lo Civil y Penal del Tribunal Superior de Justicia.

   b) El propio Juzgado de 1ª Instancia.

   c) La Sala de lo Civil del Tribunal Supremo.

   d) La Audiencia Provincial.

3. Será competente para conocer de un recurso de suplicación contra una sentencia del Juzgado de lo Mercantil en materia laboral:

   a) La Sala de lo Civil y Penal del Tribunal Superior de Justicia.

   b) La Sala de lo Social del Tribunal Superior de Justicia.

   c) El Juzgado de lo Social.

   d) La Sala de lo Civil de la Audiencia Provincial.

4. La competencia para el conocimiento de diligencias preliminares se atribuye a:

   a) Con carácter general, al Juez de 1ª Instancia, o en su caso mercantil, del domicilio del «solicitado».

   b) Al Juzgado de Paz del domicilio del «solicitado».

   c) Al LAJ del Juzgado de 1ª Instancia del domicilio del «solicitado».

   d) Al LAJ del Juzgado de 1ª Instancia del domicilio del «solicitante».

5. De los recursos que establezca la ley contra las resoluciones dictadas en primera instancia por los Juzgados de lo Mercantil conocerá:

a) En todo caso, la Audiencia Provincial.

b) La Sala de lo Civil y Penal del Tribunal Superior de Justicia.

c) La Audiencia Provincial, salvo en el caso de resoluciones dictadas en incidentes concursales en materia laboral.

d) Ninguna es correcta.

PRÁCTICA 4

COMPETENCIA TERRITORIAL

> *Por medio del «criterio territorial» para la determinación de la competencia, se concreta a qué órgano jurisdiccional, de entre los incardinados en el mismo grado jurisdiccional, le corresponde el conocimiento del asunto.*

1. Carlos se considera legítimo propietario de una finca rústica que en la actualidad se encuentra en posesión de Manuel, que reside en Cabañes de Esgueva. La finca tiene una extensa superficie, conformada por 1000 metros cuadrados de arenales y cultivos varios. 600 metros cuadrados se encuentran en el término municipal de Cilleruelo de Abajo, perteneciente al partido judicial de Lerma. Los 400 metros cuadrados restantes se encuentran en el término de Cabañes de Esgueva, perteneciente al Partido Judicial de Aranda de Duero. Carlos quiere recuperar la posesión de la finca, para lo que ejercita acción reivindicatoria. ¿Qué juzgados son territorialmente competentes para conocer de la demanda?

2. Lucía, una conocida cantante española con residencia en Barcelona, quiere interponer una demanda contra una revista por las manifestaciones vertidas sobre su vida personal, aduciendo una vulneración de su derecho al honor e intimidad. La empresa titular de la revista tiene su domicilio social en Madrid, si bien la redacción e impresión se lleva a cabo en Valencia. ¿Qué tribunales son competentes para conocer de la demanda?

3. José falleció a los 75 años de edad en Coimbra, ciudad donde fijó su residencia tras su jubilación hace diez años, tras haber trabajado en Granada durante 40 años como albañil. En la ciudad andaluza se ubican los dos pisos que fueron de su propiedad, uno de ellos heredado de sus padres y otro adquirido en 1977 junto con su mujer Luisa, fallecida 5 años antes que su esposo. El matrimonio tuvo tres hijos, residentes todos ellos en la actualidad en Madrid. Uno de ellos, el de menor edad, ha requerido a los coherederos,

en varias ocasiones, a fin de otorgar la correspondiente escritura de partición de herencia. Siendo todos los requerimientos infructuosos, ha decidido interponer demanda de división judicial de herencia contra los coherederos. ¿A qué Juzgado de Primera Instancia corresponderá el conocimiento del asunto?

Preguntas test

1. En cuanto al tratamiento procesal de la competencia territorial:

   a) Se puede denunciar la falta de competencia territorial a instancia de parte, por medio de declinatoria a interponer junto con el escrito de contestación a la demanda.

   b) Existirá un control de oficio por el órgano jurisdiccional de la competencia territorial, en aquellos casos en los que no era posible la sumisión, y se aplicó un determinado fuero legal.

   c) En todo caso, la falta de competencia territorial puede apreciarse de oficio por el Juez que conoce del asunto, tan pronto como lo advierta.

   d) Ninguna es correcta.

2. En un juicio en materia de propiedad horizontal, podrá ser territorialmente competente:

   a) El órgano judicial del domicilio del demandado.

   b) El órgano judicial del domicilio del demandado o del lugar de ubicación de la finca, a elección del demandante.

   c) El órgano judicial del lugar de ubicación de la finca.

   d) El órgano judicial del domicilio del demandante.

3. En relación con la competencia territorial en el orden jurisdiccional civil, señale la respuesta incorrecta:

   a) El fuero general de las personas físicas que rige en defecto del correspondiente al domicilio del demandado es el de residencia del demandado.

   b) En un supuesto de acciones reales sobre bienes inmuebles, rige el fuero del lugar de ubicación del bien inmueble.

   c) En Juicios sobre cuestiones hereditarias, será competente el juez del lugar en que el finado tuvo su último domicilio

   d) En materia de protección civil de derechos fundamentales, rige el fuero general de domicilio del demandado.

4. Juan, vecino de Soria, pretende interponer una demanda de división judicial del caudal hereditario de su difunto tío José. Sus primos Julián y Macarena son coherederos, y viven respectivamente en León y en Madrid. Jesús tuvo su último domicilio en una residencia ubicada en León, y su herencia consiste en una serie de bienes inmuebles ubicados en Ponferrada. ¿Qué órganos serán territorialmente competentes para conocer de la demanda?

   a) Ante el Juzgado de Primera Instancia de Ponferrada, por ser los del lugar donde se ubican los bienes de la herencia.

   b) Ante el Juzgado de Primera Instancia de León o de Madrid, a elección del demandante, por ser los lugares de domicilio de los demandados.

   c) Ante el Juzgado de Primera Instancia de León, por ser éste el lugar donde el fallecido tuvo su último domicilio.

   d) Ante el Juzgado de Primera Instancia de Soria, por ser éste el lugar de domicilio del demandante.

5. Julia, con domicilio en Madrid, pretende reclamar 15.000 euros a Sofía, con domicilio en Segovia, Daniel, con domicilio en Guadalajara, y Esteban, con domicilio en Ávila. Los tres son deudores solidarios de dicho importe. ¿Qué tribunales son territorialmente competentes para conocer de la demanda?

   a) Los de Segovia, Guadalajara o Ávila, a elección del demandante.

   b) Los de Madrid, pues al tener los demandados domicilio en distintos lugares, se aplica el fuero del domicilio del demandante.

   c) Los de Guadalajara, por ser, entre los domicilios de los demandados, el más próximo al domicilio del actor.

   d) Los de Segovia, Guadalajara o Ávila, en función de quién sea el demandado que deba hacer frente a la mayor parte de la deuda.

PRÁCTICA 5

CAPACIDAD PARA SER PARTE Y CAPACIDAD PROCESAL

La capacidad para ser parte se define como la aptitud genérica para ser sujeto del proceso, esto es, para asumir la titularidad de las cargas, derechos y responsabilidades del proceso. Tienen capacidad para ser parte todos aquellos sujetos a los que el Derecho Civil atribuye capacidad jurídica.

La capacidad procesal se define como la aptitud específica para comparecer en juicio, esto es, para ser sujeto partícipe en el proceso y asumir la trascendencia de los actos procesales que tengan lugar en el mismo. Tienen capacidad procesal todos aquellos sujetos a los que el Derecho Civil atribuye capacidad de obrar.

Fernando, de 87 años de edad, vive en una residencia para la tercera edad en el municipio de Salamanca. En esa misma localidad se ubica un piso de su propiedad, el cual se encuentra en la actualidad arrendado a dos estudiantes universitarios. Tal y como consta en el contrato de arrendamiento, los arrendatarios no podrán llevar a cabo un subarrendamiento de ninguna de las habitaciones, previéndose el incumplimiento de esta cláusula como causa de rescisión del contrato.

Una de las vecinas del bloque de edificios alertó al hijo de Fernando, Diego, de que era habitual que entraran y salieran del piso varios jóvenes. Preguntados los arrendatarios, éstos admitieron que, ante la imposibilidad de asumir el coste del alquiler, optaron por subarrendar la habitación que no estaba ocupada. Dado el incumplimiento del contrato, Diego se plantea la posibilidad de rescindir el mismo, acudiendo a usted para que le resuelva las dudas siguientes:

1. ¿Quiénes ostentan la capacidad para ser parte en caso de litigio?
2. ¿Quiénes ostentan la capacidad procesal en caso de litigio?

3. En el supuesto de que Fernando falleciera antes de la interposición de la demanda ¿podría ser parte en el proceso?

4. ¿Qué ajustes habrán de hacerse para la participación en el proceso de Fernando?

5. ¿Podría Diego representar a su padre en el proceso?

Preguntas test

1. La falta de capacidad para ser parte en el proceso civil:

   a) Es subsanable en el plazo de 10 días desde la notificación por parte del órgano judicial.

   b) Vicia de nulidad los actos del sujeto que careciera de ella.

   c) Puede ser apreciada de oficio por el órgano judicial, pero no a instancia de parte.

   d) Su apreciación no impide la continuación del proceso.

2. Las personas jurídicas:

   a) Tienen capacidad para ser parte, pero no capacidad procesal.

   b) Tienen capacidad procesal, pero no capacidad para ser parte.

   c) Tienen capacidad para ser parte y capacidad procesal, si bien con respecto a esta última surge la necesidad de suplir su imposibilidad de comparecer en juicio.

   d) Tienen capacidad procesal y capacidad para ser parte, si bien con respecto a esta última surge la necesidad de suplir su imposibilidad de comparecer en juicio.

3. En relación al mecanismo de control para denunciar la falta de capacidad procesal:

   a) El demandante podrá denuncia la falta de capacidad procesal del demandado, tanto en la Audiencia Previa del J. Ordinario, como en la Vista del J. Verbal.

   b) El demandado podrá denuncia la falta de capacidad procesal del demandante, tanto en la Audiencia Previa del J. Ordinario, como en la Vista del J. Verbal.

   c) No cabe la apreciación de oficio por el órgano jurisdiccional.

   d) Todas son correctas.

4. Con respecto a la capacidad para ser parte en el proceso, podrán ser parte en los procesos ante los tribunales civiles:

   a) El concebido no nacido, para todos los efectos.

   b) Las personas jurídicas, para todos los efectos que les sean favorables.

   c) Las entidades sin personalidad jurídica a las que la ley reconozca capacidad para ser parte.

   d) Todas son correctas.

5. Con respecto a la comparecencia en juicio, señale la respuesta INCORRECTA:

   a) No podrán comparecer las personas menores de edad.

   b) Por las personas jurídicas comparecerán quienes legalmente las representen.

   c) Por los concebidos y no nacidos comparecerán las personas que legítimamente los representarían si ya hubieren nacido.

   d) Las masas patrimoniales o patrimonios separados comparecerán en juicio por medio de quienes, conforme a la ley, las administren.

PRÁCTICA 6

POSTULACIÓN PROCESAL

El ius postulandi se define como la capacidad de las partes en el proceso para realizar actos procesales de plena conformidad con los requisitos de validez y eficacia.

La representación procesal corre a cargo del procurador, para quien la LEC establece la regla general de que «la comparecencia en juicio será por medio de procurador, que habrá de ser Licenciado en Derecho, Graduado en Derecho u otro título universitario de Grado equivalente, habilitado para ejercer su profesión en el tribunal que conozca del juicio» (artículo 23).

La defensa material corre a cargo del letrado, para quien la LEC establece la regla general de que «Los litigantes serán dirigidos por abogados habilitados para ejercer su profesión en el tribunal que conozca del asunto» (artículo 31).

Apurado por llegar tarde a su supuesto de trabajo, el día X Francisco conducía por la Calle Miranda de Burgos a velocidad superior de la permitida, colisionando con un vehículo propiedad de Beatriz, quien se encontraba parada respetando una señal de stop. Como consecuencia del impacto, el vehículo de Beatriz sufrió una caída del parachoques trasero, así como una rotura de la luz trasera izquierda. El valor de los daños ocasionados asciende a 7236 euros.

Tras un intento de reclamación extrajudicial que no fue atendida por Francisco, Beatriz acude a usted interesada en interponer una demanda en reclamación de los daños y perjuicios derivados del accidente. Le plantea las siguientes cuestiones:

1. ¿Qué tipo de procedimiento se seguirá?
2. ¿Puede Beatriz interponer la demanda por sí misma?

3. En su caso, ¿Cómo puede llevarse a cabo el apoderamiento en favor del procurador?

4. ¿Deben las partes estar asistidas de letrado en el proceso? En caso de que exista esta obligación ¿Qué ocurrirá si alguna de las partes no comparece asistida de letrado?

Preguntas test

1. En cuanto al tratamiento procesal de la postulación:

   a) Su falta no puede ser controlada de oficio.

   b) Su falta no tiene carácter subsanable.

   c) Su falta puede ser controlada por denuncia de la otra parte en el proceso.

   d) Podrá corregirse la ausencia de postulación forzosa en cualquier momento anterior a la celebración de la Audiencia Previa.

2. No será preceptiva la representación por procurador en aquellos procesos que sigan los cauces del juicio verbal por razón de la cuantía, cuanto ésta no supere los:

   a) Mil euros.

   b) Dos mil euros.

   c) Seis mil euros.

   d) Quince mil euros.

3. Para la petición inicial en los procesos monitorios:

   a) No será preceptiva la asistencia letrada, pero sí la representación por procurador.

   b) No será preceptiva la representación por procurador, pero sí la asistencia letrada.

   c) Será preceptiva tanto la asistencia letrada como la representación por procurador.

   d) No será preceptiva ni la asistencia letrada ni la representación por procurador.

4. Con respecto a los honorarios de los abogados:

   a) Los abogados podrán reclamar frente a la parte a la que defiendan el pago de los honorarios que hubieren devengado en el asunto.

   b) El Letrado de la Administración de Justicia requerirá al deudor para que pague dicha suma o impugne la cuenta, en el plazo de diez días, bajo apercibimiento de apremio si no pagare ni formulare impugnación.

   c) a y b son ciertas.

   d) a y b son incorrectas.

5. Señale la respuesta INCORRECTA. El litigante que no tenga derecho a la asistencia jurídica gratuita:

   a) Podrá pedir que se le designe abogado, procurador o ambos profesionales, cuando su intervención sea preceptiva.

   b) Si su intervención no es preceptiva, no podrá pedir que se le designe abogado, procurador o ambos profesionales.

   c) Las peticiones se harán y decidirán conforme a lo dispuesto en la Ley de Asistencia Jurídica Gratuita, sin necesidad de acreditar el derecho a obtener dicha asistencia, siempre que el solicitante se comprometa a pagar los honorarios y derechos de los profesionales que se le designen.

   d) Como regla general y al margen de los casos de designación de oficio previstos en la Ley de Asistencia Jurídica Gratuita, corresponde a las partes contratar los servicios del procurador y del abogado que les hayan de representar y defender en juicio.

PRÁCTICA 7

PLURALIDAD DE PARTES

> *Se entiende por pluralidad de partes o litisconsorcio, la situación en la que en una o en ambas posiciones procesales (ya sea activa, pasiva, o ambas) actúa más de una persona física o jurídica.*

Los hermanos Claudia, Teresa y Marcos son propietarios a partes iguales de un piso ubicado en Avenida Barcelona de Málaga. Adquirieron la vivienda como consecuencia del fallecimiento de sus progenitores en 2018, habiéndose procedido ya a la aceptación de la herencia y estando inscrito en el Registro de la Propiedad de Málaga la titularidad de cada uno de ellos por terceras partes.

Después de años alquilando el inmueble para uso vacacional, los hermanos deciden de común acuerdo ponerlo a la venta. El 30 de marzo de 2024 firman un contrato de compraventa con Luis, quien adquiere el piso por valor de 150.000 euros. Tras la formalización de los trámites oportunos, el abono íntegro del precio y la entrega de llaves, el nuevo propietario advierte una serie de daños en la estructura que no se le habían comunicado. Ante la existencia de estos graves vicios ocultos en la vivienda, y no existiendo estipulación en contrario en la escritura de compraventa, Luis remitió burofax a Claudia manifestando su voluntad de resolver el contrato.

Ante la inatención a la reclamación, Luis formula demanda contra Claudia en ejercicio de acción de saneamiento por vicios ocultos, peticionando la rescisión del contrato de compraventa y la restitución del precio pagado.

1. ¿Ostenta Claudia legitimación pasiva a los efectos de la demanda?

2. ¿Debería haberse dirigido la demanda también contra Teresa y Marcos?

3. En caso de respuesta afirmativa a la pregunta anterior, ¿Qué consecuencias tiene que la demanda sólo se haya interpuesto contra Claudia?

Preguntas test

1. En la Audiencia Previa de un juicio ordinario, el juez estima la excepción de falta de litisconsorcio pasivo necesario alegada por el demandado. ¿En qué plazo deberá el demandante dirigir la demanda contra los litisconsortes?

   a) En 10 días desde la notificación de la resolución.

   b) En 20 días desde la notificación de la resolución.

   c) En el plazo que señale el órgano judicial, que no podrá ser inferior a 20 días.

   d) En el plazo que señale el órgano judicial, que no podrá ser inferior a 10 días.

2. El litisconsorcio _____ hace referencia a aquéllos supuestos en que, pese a que la ley no impone la obligación de que determinadas personas litiguen conjuntamente, sin embargo, sí les afecta a todos ellos la sentencia obtenida en juicio

   a) Voluntario.

   b) Necesario.

   c) Cuasinecesario.

   d) Impropio.

3. Cuando el tercero no adopta una posición enfrentada a las partes iniciales del proceso, sino que se incorpora para sostener y apoyar («coadyuvar») la pretensión de una de las dos partes ya existentes, nos encontramos un supuesto de intervención:

   a) Voluntaria principal.

   b) Voluntaria adhesiva.

   c) Provocada.

   d) Necesaria.

4. La existencia de acumulación de acciones determina la existencia de litisconsorcio:

   a) Voluntario.

   b) Necesario.

   c) Cuasinecesario.

   d) Impropio.

5. La falta del debido litisconsorcio:

   a) Es una cuestión procesal de forma.

   b) Es resuelta en la Sentencia junto con el pronunciamiento relativo al fondo del asunto.

   c) Es insubsanable.

   d) Ninguna es cierta.

PRÁCTICA 8

SUCESIÓN PROCESAL

La sucesión procesal se define como la sustitución en un proceso pendiente de una parte por otra persona que ocupa su posición procesal, por haber devenido titular de los derechos sobre la cosa litigiosa. Ello puede tener lugar tanto por el fallecimiento de alguna de las partes en el litigio (sucesión procesal mortis causa), como por transmisión del objeto litigioso (sucesión procesal inter vivos).

Guillermo es legítimo propietario de una vivienda sita en Madrid, la cual adquirió en el año 2018 tras vender la empresa familiar en la que venía desempeñándose hasta su jubilación. Con el fallecimiento de su esposa en el año 2020, Guillermo decide residir en el domicilio de uno de sus cinco hijos, procediendo al alquiler de la vivienda a un matrimonio y sus dos hijos.

A los dos meses de instalarse, los arrendatarios ponen en conocimiento de Guillermo la existencia de humedades en el cuarto de baño, producidas por un mal funcionamiento del sistema de desagüe de la ducha. Siendo que en el contrato de arrendamiento quedó estipulado que las obras y reformas necesarias para la habitabilidad de la vivienda correrían a cargo del arrendador, el matrimonio procede a reclamar a Guillermo el coste de las reparaciones necesarias, el cual asciende a 5.000 euros. Ante la negativa de éste a una satisfacción extraprocesal, interponen demanda en ejercicio de acción de reclamación de cantidad en los Juzgados de Primera Instancia de Madrid. Tras la contestación a la demanda y antes de que tenga lugar la celebración del juicio, Guillermo contrae una gripe de la que no consigue recuperarse, derivando en su fallecimiento. Surgen así una serie de cuestiones en cuanto a la continuación o no del procedimiento.

1. ¿Nos encontramos ante un supuesto de sucesión procesal mortis causa? ¿A qué obedece la condición de sucesor procesal?

2. ¿Qué implicaciones tiene la aceptación de la herencia por los cinco hijos de Guillermo? ¿Qué ocurrirá si alguno de ellos se niega al ejercicio de la sustitución procesal?

Preguntas test

1. En un supuesto de sucesión procesal mortis causa:

   a) Si no se persona el sucesor del demandado, se le tiene por allanado.

   b) Si no se persona el sucesor del demandante, se le tiene por desistido del proceso (si nada manifiesta), o incluso se le tiene por renunciada a la pretensión (si manifiesta expresamente no querer comparecer).

   c) Si no se persona el sucesor del demandado, se le declara en rebeldía, y el proceso quedará suspendido hasta que se produzca la personación.

   d) Todas son incorrectas.

2. En su supuesto de sucesión procesal mortis causa, notificados los sucesores del finado de la existencia del proceso, dispondrán para comparecer de un plazo de:

   a) 5 días.

   b) 10 días.

   c) 15 días.

   d) 20 días.

3. En un supuesto de sucesión por transmisión del objeto litigioso, cuando se haya transmitido, pendiente un juicio, lo que sea objeto del mismo, el adquirente:

   a) Será automáticamente tenido como parte en la posición que ocupaba el transmitente.

   b) Podrá solicitar que se le tenga como parte en la posición que ocupaba el transmitente.

   c) Podrá solicitar que se le tenga como parte en la posición que ocupaba el transmitente, bajo apercibimiento de sanción por incumplimiento de una orden judicial.

   d) Ninguna es correcta.

4. En un supuesto de sucesión por transmisión del objeto litigioso, cuando la otra parte manifestase su oposición a la entrada en el juicio del adquirente:

   a) El tribunal resolverá por medio de Auto.

   b) El LAJ resolverá por medio de Decreto.

   c) Si la otra parte es el demandado, se le tendrá por declarado en rebeldía.

   d) Si la otra parte es el demandante, se le tendrá por desistido de la acción.

5. Cuando no se acceda a la pretensión del adquirente de ser tenido por parte en el proceso:

   a) Se pondrá fin al proceso.

   b) El transmitente continuará en el juicio.

   c) El adquirente podrá presentar recurso de queja.

   d) Ninguna es correcta.

PRÁCTICA 9

ACUMULACIÓN DE ACCIONES

Artículo 71 LEC: La acumulación de acciones admitida producirá el efecto de discutirse todas en un mismo procedimiento y resolverse en una sola sentencia.

El actor podrá acumular en la demanda cuantas acciones le competan contra el demandado, aunque provengan de diferentes títulos, siempre que aquéllas no sean incompatibles entre sí.

Emilio es propietario de una finca destinada al cultivo de hortalizas, la cual tiene arrendada al agricultor Manuel, quien le paga una renta de 1.600 euros al mes. A la fecha, el arrendatario debe el pago de cuatro mensualidades y, en adición, ha causado graves desperfectos en el sistema de riego automático por un uso indebido del mismo. Se calcula que el coste de su reparación asciende a 20.000 euros.

En su escrito de demanda, Emilio incluye las siguientes acciones:

– Acción de resolución del contrato de arrendamiento.

– Acción para la recuperación de la posesión de la finca.

– Acción de reclamación de cantidades debidas.

– Acción de reclamación de daños y perjuicios.

Se plantean las cuestiones que siguen:

1. ¿Qué relación existe entre las distintas acciones?

2. ¿Son todas las acciones acumulables en un mismo escrito de demanda?

3. ¿En qué momento procesal podría aducir el demandado la indebida acumulación de acciones?

Preguntas test

1. Para que la acumulación de acciones sea posible, es preciso:

   a) Que la acción acumulada no deba, por razón de la cuantía, ventilarse en juicio de distinto tipo.

   b) Que la ley permita expresamente la acumulación.

   c) Que el tribunal que conozca de la acción principal posea jurisdicción y competencia por razón de la materia o de la cuantía para conocer de la acción acumulada.

   d) Todas las respuestas son ciertas.

2. Juan y Víctor han firmado un contrato de compraventa de un vehículo, en el cual son respectivamente vendedor y comprador. Tras la entrega de una señal y ante la falta de trasmisión del vehículo por el vendedor, Víctor decide interponer una demanda instando la resolución de contrato y reclamando la devolución del dinero adelantado, junto con la correspondiente indemnización por daños y perjuicios.

   a) Nos encontramos ante una acumulación simple de dos acciones (resolución del contrato y reclamación de cantidad junto con daños y perjuicios).

   b) Nos encontramos ante una acumulación simple de tres acciones, teniendo la reclamación de daños y perjuicios el carácter de acumulación accesoria respecto de la resolución del contrato.

   c) La reclamación de cantidad tiene carácter de acción subsidiaria o eventual respecto de la acción de resolución del contrato.

   d) La reclamación de daños y perjuicios tiene carácter de acción alternativa respecto de la acción de resolución del contrato.

3. Señale la respuesta incorrecta respecto a los requisitos para la acumulación de procesos:

   a) La puede solicitar quien tenga la condición de parte en alguno de los procesos susceptibles de acumulación.

   b) El órgano judicial que conoce del proceso más antiguo debe tener competencia objetiva para conocer del proceso más moderno.

   c) Puede acumularse un Juicio Ordinario a un Juicio Verbal cuando éste lo sea por razón de la materia, siguiendo en adelante los cauces del Juicio Verbal.

   d) Los procesos a acumular deben encontrarse en primera instancia y sin haber concluido la fase del Juicio.

4. Señale la respuesta INCORRECTA. Es requisito procesal de la acumulación de acciones:

   a) Que el tribunal que deba entender de la acción principal posea competencia por razón de la materia o por razón de la cuantía para conocer de la acumulada o acumuladas.

   b) Que las acciones acumuladas no deban, por razón de su cuantía, ventilarse en juicios de diferente tipo.

   c) Que la Ley no prohíba la acumulación en los casos en que se ejerciten determinadas acciones en razón de su materia o por razón del tipo de juicio que se haya de seguir.

   d) Que el tribunal que deba conocer de la acción principal posea jurisdicción para conocer de la acumulada o acumuladas.

5. En los supuestos de acumulación de procesos:

   a) Se hará del proceso más moderno al más antiguo.

   b) Se hará del proceso más antiguo al más moderno.

   c) Se hará del proceso más moderno al más antiguo, o viceversa, a elección del órgano judicial al que se haya presentado la solicitud.

   d) Ninguna es cierta.

PRÁCTICA 10

DILIGENCIAS PRELIMINARES

> *Se entiende por diligencias preliminares aquellas actuaciones que, con anterioridad al inicio del proceso, se desarrollan ante los órganos judiciales, al objeto de que el futuro demandante pueda disponer de determinada información acerca de circunstancias que se precisan conocer para iniciar con éxito un proceso civil, así como obtener documentos u objetos necesarios para dar curso al proceso.*

Juanjo regenta una panadería de la que es propietario, sita en la calle Trapería de Murcia. El local se ubica en los bajos del edificio Torre Murcia, integrado por un total de 5 locales comerciales y 25 apartamentos. Tras la realización de unas obras para el cambio de uno de los ascensores del bloque, han aparecido en la panadería unas grietas que recorren toda una pared del establecimiento.

En la reunión de propietarios celebrada en junio de 2022, Juanjo expuso la problemática, explicando que, debido a la urgencia de la reparación, tanto por la seguridad del inmueble como por la imagen trasmitida a la clientela, ya había procedido a las reparaciones necesarias, cuyo coste ascendió a 4.500 euros. Solicita que la Comunidad le indemnice por tal cantidad, obteniendo respuesta negativa a su petición.

Tas una reclamación extrajudicial no atendida por la Comunidad de Propietarios, Juanjo decide interponer demanda de reclamación de cantidad contra la misma. Sin embargo, dado que no pudo acudir a las reuniones de vecinos anteriores, en las que se debatió acerca del seguro de la Comunidad, y no habiendo sido informado al respecto, desconoce los datos referentes a la actual aseguradora.

1. ¿Puede Juanjo presentar una solicitud de diligencia preliminar para conocer la existencia o no de seguro en la Comunidad?

2. ¿Qué órgano resultará competente para conocer de la petición de diligencia preliminar?

3. ¿Estará Juanjo obligado a la prestación de caución?

4. ¿Qué ocurrirá si la Comunidad se opone a la entrega de la documentación solicitada?

Preguntas test

1. Con respecto a la competencia en materia de diligencias preliminares:

   a) Será competente para resolver sobre las peticiones y solicitudes la Audiencia Provincial del domicilio de la persona que, en su caso, hubiera de declarar, exhibir o intervenir de otro modo en las actuaciones que se acordaran para preparar el juicio.

   b) Será competente para resolver sobre las peticiones y solicitudes el juez de primera instancia o de lo mercantil, cuando proceda, del domicilio de la persona que presenta las diligencias preliminares.

   c) Será competente para resolver sobre las peticiones y solicitudes el juez de primera instancia o de lo mercantil, cuando proceda, del domicilio de la persona que, en su caso, hubiera de declarar, exhibir o intervenir de otro modo en las actuaciones que se acordaran para preparar el juicio.

   d) Será competente para resolver sobre las peticiones y solicitudes de la Audiencia Provincial del domicilio de la persona que presenta las diligencias preliminares.

2. El rechazo o la admisión de la solicitud de práctica de diligencias preliminares se llevará a cabo:

   a) Por medio de Auto.

   b) Por medio de Diligenciad de Ordenación.

   c) Por medio de Decreto.

   d) Ninguna es cierta.

3. En un supuesto de solicitud de diligencia preliminar atinente a la declaración sobre hechos relativos a la capacidad, representación o legitimación del citado, si por el requerido no se atendiese el requerimiento ni se formulase oposición al Auto notificado:

   a) La práctica de la diligencia quedará en suspenso hasta que, a solicitud del interesado, se formule un nuevo requerimiento.

   b) Se podrán tener por respondidas afirmativamente las preguntas que el solicitante pretendiera formularle.

c) a y b son ciertas.

d) a y b son incorrectas.

4. Cuando se hayan practicado las diligencias preliminares acordadas o el tribunal las deniegue por considerar justificada la oposición, éste resolverá mediante auto sobre la aplicación de la caución, en el plazo de:

   a) Dos días.

   b) Cinco días.

   c) Diez días.

   d) Veinte días.

5. Contra el auto que acuerde las diligencias preliminares:

   a) Cabe recurso de queja.

   b) Cabe recurso de apelación.

   c) Cabe recurso de revisión.

   d) No cabe recurso alguno.

PRÁCTICA 11

ÓMNIBUS I

Lucía, vecina de Burgos, ostenta la propiedad de una finca urbana de 150 metros cuadrados destinada a edificación sita en el término municipal de Lerma (provincia de Burgos), inscrita en el Registro de la Propiedad de Lerma como Finca YY al folio XX, Libro ZZ, con Referencia Catastral: ******.

La finca colinda con otro terreno de 250 metros cuadrados propiedad de Manuel (con domicilio en Madrid), adquirida por éste mediante contrato de compraventa de 6 de julio de 2016, igualmente inscrita en el Registro de la Propiedad de Lerma como Finca YY al folio XX, Libro ZZ, con Referencia Catastral: ******. Esta finca sí se encuentra edificada, existiendo un chalet de dos plantas.

En el verano de 2023, Lucía comienza las obras para la construcción de un merendero-bodega. En los informes periciales previos, se concreta que, debido a la inestabilidad de buena parte del terreno, la obra deberá realizarse en la zona de la parcela más próxima a la propiedad de Manuel. Comenzadas las obras, Manuel se percata de que el merendero ocupa parte del territorio de su propiedad, en concreto, 20 metros cuadrados colindantes con la finca de Lucía. Igualmente, aprecia en las paredes de su vivienda la aparición de grieta que, de conformidad con el informe pericial encargado, amenazan la estabilidad del inmueble.

Reclamada Lucía por vía extrajudicial, ésta niega que la bodega se haya construido sobre parte de la propiedad de Manuel, sosteniendo que el límite entre sendas propiedades no se encuentra donde éste argumenta. Junto con ello, niega que las grietas aparecidas en la vivienda de Manuel sean consecuencia de las obras para la construcción del merendero, sino a la propia inestabilidad del terreno.

Manuel acude a usted para la presentación de demanda, al objeto de que se declare que parte de la bodega se ha construido sobre su propiedad, que se proceda al derribo y que se reparen las grietas, valoradas según informe pericial en 25.000 euros.

Responda a las siguientes cuestiones:

1. ¿Qué tipo de procedimiento debe seguirse?

2. ¿Qué juzgado será el competente objetiva, funcional y territorialmente para conocer el asunto?

3. ¿Qué ocurrirá si la demanda se interpone ante un órgano territorialmente incompetente? ¿Podrá recurrirse el auto por el que se declare, en su caso, una falta de competencia territorial del órgano judicial?

4. ¿Pueden acumularse en la misma demanda las acciones que pretenden ser ejercitadas por Manuel?

5. ¿Es preceptiva la postulación?

6. ¿Qué diligencias preliminares podría solicitar Manuel?

PRÁCTICA 12

ÓMNIBUS II

Roberto es propietario de un piso ubicado en Zaragoza y construido en el año 1968. Dada la antigüedad del inmueble, ha decidido llevar a cabo una reforma integral. Para ello, contrata los servicios de la empresa XWY domiciliada en Calatayud, cuyo administrador es Samuel, residente en Zaragoza y un amigo de la infancia, quien le ha facilitado el presupuesto en base a las obras que se llevarán a cabo. Así, Roberto firmó con la empresa un contrato en cuya cláusula tercera se estipuló que las obras finalizarían en el plazo de seis meses.

Las obras comenzaron sin incidencias, pero a los dos meses, cuando se había levantado todo el parqué, los azulejos de los aseos y cocina habían sido retirados y se había procedido al derribo de una pared para la ampliación del salón, los obreros abandonaron la obra porque la empresa los destinó a la reforma de un chalé propiedad de Julián.

Roberto, que había adelantado una importante cantidad de dinero (55.000 euros), se puso en contacto con Samuel y con otros responsables de la empresa, obteniendo por respuesta que no podrían continuar con la obra hasta dentro de nueve meses, cuando hubiesen finalizado los trabajos en la propiedad de Julián. Igualmente, sostienen que no pueden proceder a la devolución de la cantidad adelantada.

Roberto acude a su despacho interesando la presentación de una demanda. Surgen las siguientes cuestiones:

1. ¿Qué acciones podrán ejercitarse? ¿Qué tipo de procedimiento debe seguirse?

2. ¿Qué juzgado será el competente objetiva, funcional y territorialmente para conocer el asunto?

3. ¿Contra quién se dirigirá la demanda? ¿Es posible dirigirla contra Samuel?

4. ¿Qué ocurrirá si la demanda se dirige conjuntamente contra la empresa XWY y contra Samuel?

5. ¿Qué ocurrirá si, en el trascurso del proceso, se produce el fallecimiento de Roberto?

6. ¿Qué ocurrirá si, en el trascurso del proceso, la empresa XWY se fusiona con la mercantil ABC?

PRACTICA 13

MÉTODOS ALTERNATIVOS DE SOLUCIÓN DE CONFLICTOS

> *Son métodos alternativos de solución de conflictos (MASC) aquellos procedimientos en los que, en aras de evitar el proceso, se trata de abordar el objeto del asunto por vía extrajudicial.*
>
> *Se distingue entre métodos autocompositivos (como son la mediación y la conciliación) o métodos heterocompositivos (como es el arbitraje).*

Laura es propietaria de un garaje adquirido por medio de escritura de aceptación de herencia. Dado que el inmueble se encuentra en Castellón y ella reside en Barcelona, decide ponerlo a la venta a través de una agencia inmobiliaria, suscribiendo un contrato de arrendamiento de servicios por el que a la empresa le corresponderá el 10% del precio obtenido con la venta, inicialmente fijado en 16.000 euros.

Finalmente, Laura se compromete con su compañera de trabajo Mercedes a venderle a ella el garaje, acordándose entre ambas que no se lo comentarán a la inmobiliaria para no abonarle la comisión. El precio de compraventa se fija en 15.000 euros.

Cuando la inmobiliaria se percata de la situación, remite burofax a Laura en reclamación de la cantidad que le hubiese correspondido por la venta. Ambas partes acuerdan someter el asunto a mediación.

1. ¿Es obligatorio para las partes acudir al acto de mediación? ¿Qué consecuencias tendrá la no comparecencia de alguna de ellas?

2. ¿Quién podrá ejercer como mediador?

3. ¿Podrá el mediador imponer a las partes una solución al conflicto?

4. En caso de acuerdo entre las partes, ¿qué eficacia vinculante tendrá el mismo?

5. ¿Qué diferencia habría si, en lugar de a mediación, se hubiese recurrido al arbitraje?

Preguntas test

1. En relación al acto de conciliación regulado por la Ley de Jurisdicción Voluntaria, es cierto que:

   a) Será siempre competente para conocer de los actos de conciliación el Juez de Paz o el LAJ del Juzgado de Primera Instancia o del Juzgado de lo Mercantil, cuando se trate de materias de su competencia, del domicilio del requerido.

   b) Si la cuantía de la petición fuera inferior a 6.000 euros y no se tratara de cuestiones atribuidas a los Juzgados de lo Mercantil, la competencia para conocer de los actos de conciliación corresponderá, en su caso, a los Jueces de Paz.

   c) Será siempre competente para conocer de los actos de conciliación el Juez de Paz o el LAJ del Juzgado de Primera Instancia o del Juzgado de lo Mercantil, cuando se trate de materias de su competencia, del domicilio del actor.

   d) La determinación de la competencia para conocer del acto de conciliación determina la competencia para conocer del proceso civil posterior.

2. En relación a la tramitación del acto de conciliación:

   a) Entre la citación a los interesados y la celebración del acto deberán mediar al menos 10 días hábiles.

   b) Desde la presentación de la solicitud o papeleta hasta la celebración del acto deberán mediar menos de 10 días hábiles.

   c) El acto de conciliación será presidido siempre por el LAJ.

   d) Todas las respuestas son correctas.

3. En relación al procedimiento de mediación, señale la opción incorrecta:

   a) Habrá de comenzar siempre de común acuerdo entre las partes.

   b) El acuerdo alcanzado por las partes es vinculante.

   c) Contra el acuerdo alcanzado por las partes sólo cabe el ejercicio de acción de nulidad.

   d) El acuerdo elevado a escritura pública es título ejecutivo.

4. **El acuerdo de mediación finalizará sin acuerdo entre las partes:**

   a) Por el transcurso del plazo máximo acordado de su duración.

   b) Cuando el mediador justifique que las posiciones de las partes son irreconciliables.

   c) Por renuncia del mediador a continuar el proceso de mediación.

   d) Todas son ciertas.

5. **Lo convenido en un acto de conciliación:**

   a) Tendrá fuerza ejecutiva sin necesidad de aprobación por el órgano judicial.

   b) Será aprobado mediante Decreto del LAJ o Auto del Juez de Paz.

   c) a y b son ciertas.

   d) a y b son incorrectas.

PRÁCTICA 14

DEMANDA

La demanda es el acto procesal del actor por el cual se da inicio al proceso, mediante la petición de que se le otorgue tutela judicial en estimación de sus pretensiones por medio de una sentencia fundada en derecho.

Una demanda consta de las siguientes partes:

– Encabezamiento: Identificación del órgano judicial al que se dirige el escrito; identificación del demandante, así como de su representación y asistencia letrada; concreción de la acción que se ejerce; identificación del demandado.

– Hechos: exposición de los hechos de los que deriva la pretensión, y que serán determinantes a efectos de la fijación de la carga de la prueba, de la congruencia de la sentencia, así como de la apreciación de litispendencia y de cosa juzgada.

– Fundamentos de derecho: tanto de carácter procesal (jurisdicción, competencia objetiva y territorial, capacidad, legitimación, postulación, fijación de la cuantía, imposición de costas…), como de carácter material (referidos al fondo del asunto). Se hacen constar los preceptos legales aplicables, la jurisprudencia de interés, doctrina de autores, derecho comparado, etc.

– Petitum: determinación clara y precisa de las peticiones sobre las que el demandante reclama la tutela jurisdiccional.

– Peticiones complementarias, en su caso: la petición de proposición de prueba; la voluntad de subsanación de defectos; el desglose del poder aportado; la petición de vista; etc.

– Firmas: el escrito de demanda debe estar firmado por el abogado y por el procurador, y en defecto de alguno de ellos, por el cliente.

Redactar una demanda en base a los siguientes hechos:

Doña Carmen Fernández adquirió de la promotora demandada una vivienda sita en la C/ San Marcos n.º 8, 1.º de Burgos, mediante escritura pública otorgada ante el Ilmo Sr. Notario de Burgos, Sr. Varona con número de protocolo 874, de fecha 7 de septiembre de 2016.

A los pocos de meses de entrar a vivir, Doña Carmen constata la existencia de defectos en la vivienda. Al objeto de su valoración contrata los servicios de la Arquitecta Doña Cristina García, de cuyo informe pericial se desprenden una serie de defectos consistentes básicamente en desniveles entre los distintos espacios de la vivienda y una fisura. La reparación de los mismos se valora por dicha perita en la cantidad de 16.412,37 euros.

Con fecha 10 de mayo de 2017, Doña Carmen remitió burofax a la promotora del inmueble, pero teniendo en cuenta que la promotora no ha procedido a reparar los defectos, ni contestado el burofax, Doña Carmen se ve obligada a interponer la demanda contra la promotora, así como contra el arquitecto Don Juan García Pérez y el aparejador Don José Ignacio Torres Bustillo.

Preguntas test

1. Se interpone demanda ejercitando varias acciones que no pueden ser acumuladas ¿Cómo deberá llevarse a cabo la oposición por la parte demandada a dicha acumulación de acciones?

   a) Deberá plantear cuestión de competencia por declinatoria en el plazo de diez días desde que se le notifique la demanda.

   b) Deberá oponerse a la acumulación pretendida en la contestación a la demanda, resolviéndose sobre la oposición en la audiencia previa al juicio.

   c) Deberá oponerse a la acumulación pretendida en la contestación a la demanda, resolviéndose sobre la oposición en la Sentencia.

   d) No cabe oposición a la acumulación de acciones ejercitada por la parte demandante, sin perjuicio de la desestimación en Sentencia de las acciones ejercitadas.

2. Para la interposición de una demanda de reclamación de cantidad por impago de rentas por un total de 1500 euros:

   a) No será preceptiva la representación por procurador, pues la cuantía del litigio no excede de 3000 euros.

   b) Será preceptiva la representación por procurador, pues nos encontramos en un supuesto de juicio verbal por razón de la materia.

c) No será preceptiva la representación por procurador, pues nos encontramos en un supuesto de juicio verbal cuya cuantía no excede de 2000 euros.

d) Ninguna es cierta.

3. **La exposición de los hechos en la demanda:**

a) Es determinante a efectos de la eficacia de cosa juzgada de la eventual sentencia dictada tras el desarrollo del proceso.

b) Es determinante de la congruencia de la sentencia con las pretensiones de las partes.

c) a y b son ciertas.

d) a y b no son ciertas.

4. **Señale la respuesta INCORRECTA:**

a) No se permitirá la acumulación de acciones después de contestada la demanda.

b) A efectos de litispendencia y de cosa juzgada, los hechos y los fundamentos jurídicos aducidos en un litigio se considerarán los mismos que los alegados en otro juicio anterior si hubiesen podido alegarse en éste.

c) Podrán admitirse las demandas aun cuando no se acompañen a ella los documentos que la ley exija.

d) Cuando lo que se pida en la demanda pueda fundarse en diferentes hechos o en distintos fundamentos o títulos jurídicos, habrán de aducirse en ella cuantos resulten conocidos o puedan invocarse al tiempo de interponerla.

5. **El Letrado de la Administración de Justicia, examinada la demanda, dictará decreto admitiendo la misma y dará traslado de ella al demandado para que la conteste en el plazo de:**

a) Dos días.

b) Diez días.

c) Quince días.

d) Veinte días.

PRÁCTICA 15

CONTESTACIÓN A LA DEMANDA Y ACTITUDES DEL DEMANDADO

La contestación a la demanda es el acto procesal del demandado por el cual éste expone su posición frente a las alegaciones del demandante. En la misma, puede allanarse, oponerse a la demanda por cuestiones procesales, negar la existencia de los hechos o reconocer los hechos negando sus consecuencias jurídicas.

La contestación a la demanda consta de las siguientes partes:

- Encabezamiento: Identificación del órgano judicial al que se dirige el escrito; identificación del demandado, así como de su representación y asistencia letrada; referencia al procedimiento en el que se desarrollan las actuaciones.

- Hechos: exposición de los hechos de forma correlativa a los indicados en la demanda, bien asumiendo éstos como ciertos, bien planteando un relato fáctico distinto.

- Fundamentos de derecho: de forma correlativa a los indicados a la demanda y tanto de carácter procesal (jurisdicción, competencia objetiva y territorial, capacidad, legitimación, postulación, fijación de la cuantía, imposición de costas…), como de carácter material (referidos al fondo del asunto). Se hacen constar los preceptos legales aplicables, la jurisprudencia de interés, doctrina de autores, derecho comparado, etc.

- Petitum: determinación clara y precisa de las peticiones sobre las que el demandado reclama la tutela jurisdiccional, consistente en la desestimación de la demanda, en su estimación parcial, en la manifestación de su allanamiento, etc.

- Peticiones complementarias, en su caso: la petición de proposición de prueba; la voluntad de subsanación de defectos; el desglose del poder aportado; la petición de vista; etc.

- Firmas: el escrito de demanda debe estar firmado por el abogado y por el procurador, y en defecto de alguno de ellos, por el cliente.

Continuando con el relato fáctico presentado en el caso práctico anterior, se pide redactar un escrito de contestación a la demanda en nombre del arquitecto Don Juan García Pérez, tomando en consideración los siguientes hechos:

El arquitecto Juan García Pérez ha encargado informe pericial en el que se señalan que los defectos aducidos en el informe pericial aportado por la parte demandante no tienen la entidad que se describe en el mismo. En concreto, se señala respecto a los desniveles señalados en el informe pericial de la parte contraria, que las juntas colocadas en el pavimento han sido suficientes para la solución del problema. Tan sólo en dos de ellas pudiera hablarse de la existencia de un desnivel, cuya entidad, inferior a 4 mm, no constituye riesgo alguno de caída o provocación de otro accidente. Si pretendiera atenuarse tales resaltos mediante la colocación de tapajuntas, el coste de la reparación sería de 39,27 euros.

En cuanto a las diferencias de color en los pavimentos, se trata de un defecto menor que no puede ser considerado como vicio en la construcción. Se cuantifica su arreglo en 261,80 euros.

Por último, la fisura en la pared, su aparición obedece a la dilatación normal de los materiales, por lo que tampoco tiene la entidad de defecto en la construcción. No se precisa de una reparación inmediata pero, de hacerlo, el coste se cifra en 94,90 euros.

Preguntas test

1. La declinatoria debe promoverse:

    a) Dentro de los 10 primeros días otorgados para contestar a la demanda.

    b) En el escrito de contestación a la demanda.

    c) Dentro de los 20 días otorgados para contestar a la demanda.

    d) Dentro de los 15 primeros días otorgados para contestar a la demanda.

2. La declinatoria:

    a) En todo caso se propone ante el mismo juez que esté conociendo irregularmente del procedimiento.

    b) En todo caso se propone ante el juez que se estime competente.

    c) Se aplica por falta de jurisdicción, pero no de competencia.

    d) Se aplica por falta de competencia.

3. Tras la admisión de una demanda de juicio verbal, el LAJ dará traslado de la misma al demandado para que la pueda contestarla en plazo de:

   a) Dos días.

   b) Diez días.

   c) Quince días.

   d) Veinte días.

4. En la contestación a la demanda:

   a) Habrán de negarse o admitirse los hechos aducidos por el actor.

   b) Habrán de aducirse las excepciones procesales y demás alegaciones que pongan de relieve cuanto obste a la válida prosecución y término del proceso mediante sentencia sobre el fondo.

   c) Podrá manifestarse el allanamiento a alguna o algunas de las pretensiones del actor.

   d) Todas son ciertas.

5. La reconvención (señale la respuesta INCORRECTA):

   a) Se presentará en los diez primeros días del plazo conferido para contestar a la demanda.

   b) Se formularán por el demandado las pretensiones que crea que le competen respecto del demandante.

   c) No se admitirá cuando el Juzgado carezca de competencia objetiva por razón de la materia o de la cuantía o cuando la acción que se ejercite deba ventilarse en juicio de diferente tipo o naturaleza.

   d) Habrá de expresar con claridad la concreta tutela judicial que se pretende obtener respecto del actor.

PRÁCTICA 16

AUDIENCIA PREVIA

> *Fase propia de los procedimientos tramitados por los cauces del juicio ordinario, destinada a un intento de conciliación o transacción, a la subsanación de defectos procesales, la fijación de los hechos controvertidos y la proposición y admisión de la prueba.*

Se reproduce a continuación el tenor literal de la Sentencia del Juzgado de Primera Instancia núm. 5 de Pamplona núm. 433/2022 de 23 diciembre, ECLI:ES:JPI:2022:2258, en la que se analiza un supuesto de vulneración de derecho al honor. Se plantean, a partir de los hechos reales, una serie de cuestiones que podrían plantearse en relación con la Audiencia Previa.

Con fecha 24 de mayo de 2021 tuvo entrada este Juzgado, previo turno de reparto, demanda de juicio ordinario por intromisión ilegítima en el derecho al honor, promovida por la Federación de Asociaciones Obreras Sindicales YYY, D. Pepe y Dª Julia contra Dª Felisa, arreglada a las prescripciones legales, en la que tras exponer los hechos y los fundamentos de derecho que consideró oportunos y que se dan por reproducidos, suplicó se dictase sentencia estimatoria por la que:

1. *Se declare que el contenido de los comentarios escritos por Dª Felisa publicados en la red social XXXX los días 16 de noviembre, 1 y 18 de diciembre de 2020, respectivamente, constituyen una intromisión ilegítima en el honor de mis representados, todo ello al amparo de la LO 1/1982, de 5 de mayo, y de conformidad con el artículo 18 CE.*

2. *Se condene a la demandada a publicar a su costa el fallo de la sentencia que se dicte en el presente procedimiento, en los mismos medios utilizados para vulnerar el honor de los demandantes, es decir, a través de la red social XXXX.*

3. *Se condene a la demandada al cese inmediato de la intromisión y, en consecuencia, a retirar a su costa de la red social XXXX los comentarios con contenido injurioso que se indican en el cuerpo de la presente demanda, suprimiendo todos los contenidos de Internet.*

4. *Se reconozca el daño moral que la intromisión ha generado en los demandantes y se condene a la demandada a satisfacerles una indemnización de 600 euros a cada uno de ellos por daños y perjuicios, conforme a lo dispuesto en la LO 1/1982, de 5 de mayo.*

5. *Se condene a la demandada al pago a la totalidad de las costas procesales causadas en el presente procedimiento.*

La demanda fue admitida a trámite mediante Decreto de fecha 17 de junio de 2021, dándose traslado de la misma a la parte demandada y al Ministerio Fiscal, contestando únicamente éste en tiempo y forma, siendo la demandada declarada en situación de rebeldía procesal mediante Diligencia de Ordenación de fecha 17 de diciembre de 2021.

1. Señalada la fecha de la Audiencia Previa, ¿cabría la posibilidad de que las partes llegaran a un acuerdo?

2. ¿Qué cuestiones se analizarán en la Audiencia Previa?

3. ¿Podría la parte demandada impugnar la falta de jurisdicción o de competencia del tribunal?

4. ¿En qué momento tendrá lugar la proposición de la prueba?

Preguntas test

1. Si no compareciere a la audiencia ninguna de las partes:

   a) Se levantará acta haciéndolo constar y el tribunal, sin más trámites, dictará auto de sobreseimiento del proceso, ordenando el archivo de las actuaciones.

   b) Se levantará acta haciéndolo constar y el tribunal declarará la continuación del proceso en rebeldía del demandado.

   c) Se levantará acta haciéndolo constar y el tribunal declarará el allanamiento del demandado a las pretensiones del demandante.

   d) Se levantará acta haciéndolo constar y el tribunal procederá al señalamiento de nueva fecha, dentro de los veinte días siguientes.

2. Cuando faltare a la audiencia el abogado del demandante:

   a) Se levantará acta haciéndolo constar y el tribunal declarará el allanamiento del demandado a las pretensiones del demandante.

   b) Se levantará acta haciéndolo constar y el tribunal, sin más trámites, dictará auto de sobreseimiento del proceso, ordenando el archivo de las actuaciones.

   c) Se sobreseerá el proceso, salvo que el demandado alegare interés legítimo en la continuación del procedimiento para que se dicte sentencia sobre el fondo.

   d) La audiencia se seguirá con el demandante en lo que resultare procedente.

3. El órgano judicial no resolverá en la Audiencia Previa sobre:

   a) Falta de capacidad de los litigantes o de representación en sus diversas clases.

   b) Cosa juzgada.

   c) Falta de jurisdicción.

   d) Falta de litisconsorcio pasivo necesario.

4. No tendrá lugar en la Audiencia Previa:

   a) La fijación del objeto del litigio.

   b) La proposición de prueba.

   c) La práctica de la prueba.

   d) El examen de cuestiones procesales.

5. Cuando el demandado haya alegado en la contestación o el actor aduzca en la audiencia defectos de capacidad o representación, que sean subsanables o susceptibles de corrección:

   a) Se podrán subsanar o corregir en el acto y si no fuese posible en ese momento, se concederá para ello un plazo, no superior a veinte días, con suspensión, entre tanto, de la audiencia.

   b) Se podrán subsanar o corregir en el acto y si no fuese posible en ese momento, se concederá para ello un plazo, no superior a diez días, con suspensión, entre tanto, de la audiencia.

   c) Se subsanarán en el acto, sin que proceda la suspensión de la audiencia para su corrección en otro momento.

   d) Ninguna es correcta.

PRÁCTICA 17

JUICIO

> *El juicio tendrá por objeto la práctica de las pruebas de declaración de las partes, testifical, informes orales y contradictorios de peritos, reconocimiento judicial en su caso y reproducción de palabras, imágenes y sonidos. Asimismo, una vez practicadas las pruebas, en el juicio se formularán las conclusiones sobre éstas.*

Continuando con el supuesto de hecho del caso práctico anterior, y tras la celebración de la Audiencia Previa, se plantean en relación al acto del juicio las siguientes cuestiones:

1. ¿Sería posible la celebración del juicio por videoconferencia?

2. Tres días antes de la fecha señalada para la celebración del juicio, el abogado de Federación de Asociaciones Obreras Sindicales YYY es operado de apendicitis, debiendo permanecer ingresado cinco días debido a una infección que requiere de administración intravenosa de antibióticos. ¿Podrá señalarse una nueva fecha del juicio, o el mismo se celebrará en ausencia del letrado?

3. ¿Qué ocurrirá si ninguna de las partes comparece en el acto del juicio?

4. ¿En qué momento se llevará a cabo la práctica de la prueba?

Preguntas test

1. **Si no compareciere en el juicio ninguna de las partes:**

   a) Se levantará acta haciéndolo constar y el tribunal, sin más trámites, declarará el pleito visto para sentencia.

   b) Se procederá a la celebración del juicio.

   c) Se levantará acta haciéndolo constar y el tribunal, sin más trámites, dictará auto de sobreseimiento del proceso, ordenando el archivo de las actuaciones.

   d) Se levantará acta haciéndolo constar y el tribunal declarará el allanamiento del demandante a las pretensiones del demandado.

2. **Si sólo compareciere en el juicio alguna de las partes:**

   a) Se levantará acta haciéndolo constar y el tribunal, sin más trámites, dictará auto de sobreseimiento del proceso, ordenando el archivo de las actuaciones.

   b) Se procederá a la celebración del juicio.

   c) Se levantará acta haciéndolo constar y el tribunal declarará el allanamiento del demandante a las pretensiones del demandado.

   d) Ninguna es cierta.

3. **Con carácter general, el acto del juicio comenzará:**

   a) Con la proposición de prueba.

   b) Con la práctica de la prueba.

   c) Con la formulación de conclusiones.

   d) Con el examen de cuestiones procesales.

4. **En el trámite de conclusiones:**

   a) Las partes expondrán en relación con las pruebas practicadas los hechos relevantes que han sido o deben considerarse admitidos y, en su caso, probados o inciertos.

   b) Las partes harán un breve resumen de cada una de las pruebas practicadas sobre los hechos, con remisión pormenorizada, en su caso, a los autos del juicio.

   c) Las partes podrán alegar lo que resulte de la carga de la prueba sobre los hechos que reputen dudosos.

   d) Todas son correctas.

5. **Si el tribunal no se considerase suficientemente ilustrado sobre el caso con las conclusiones:**

   a) Dictará auto de sobreseimiento del proceso, ordenando el archivo de las actuaciones.

   b) Procederá al señalamiento de nueva fecha para la realización de un nuevo acto de juicio.

   c) Podrá conceder a las partes la palabra cuantas veces estime necesario para que informen sobre las cuestiones que les indique.

   d) Procederá al señalamiento de nueva fecha para la realización de un nuevo acto de Audiencia Previa.

PRÁCTICA 18

PROPOSICIÓN Y PRÁCTICA DE LA PRUEBA

Si no hubiese acuerdo de las partes para finalizar el litigio ni existiera conformidad sobre los hechos, la Audiencia Previa proseguirá para la proposición y admisión de la prueba. La prueba se propondrá de forma verbal, sin perjuicio de la obligación de las partes de aportar en el acto escrito detallado de la misma, pudiendo completarlo durante la audiencia.

El juicio comenzará practicándose las pruebas admitidas.

Previamente a la iniciación de cualquier proceso, el que pretenda incoarlo, o cualquiera de las partes durante el curso del mismo, podrá solicitar del tribunal la práctica anticipada de algún acto de prueba, cuando exista el temor fundado de que, por causa de las personas o por el estado de las cosas, dichos actos no puedan realizarse en el momento procesal generalmente previsto.

Continuando con el supuesto de hecho de los casos prácticos anteriores, se plantean en relación a la práctica de la prueba las siguientes cuestiones:

1. Doña Felisa ha sido diagnosticada de una patología cardiaca severa, siendo las esperanzas de vida muy limitadas de acuerdo con las valoraciones médicas. ¿Qué podrán hacer los demandantes para que el testimonio de Felisa pueda ser propuesto, practicado y valorado teniendo en cuenta que su estado de salud implica una alta probabilidad de que no pueda ser interrogada en el acto del juicio?

2. ¿Existe algún tipo de requisito procesal para la admisión de la demanda tras la práctica de la prueba anticipada?

3. Llegado el día señalado para la celebración del juicio, Felisa se encuentra bien de salud. ¿Podría ser nuevamente interrogada?

4. En atención a los hechos sobre los que versa el litigio, indique algún tipo de prueba que podría ser propuesta y admitida.

Preguntas test

1. **En el curso del juicio ordinario, la prueba se propondrá:**

   a) En la Audiencia Previa, de forma verbal.

   b) En la Audiencia Previa, mediante presentación de escrito por la representación de las partes.

   c) En el acto del juicio, de forma verbal.

   d) Tres días antes de la celebración de la Audiencia Previa, mediante presentación de escrito por la representación de las partes.

2. **Cuando el tribunal considere que las pruebas propuestas por las partes pudieran resultar insuficientes para el esclarecimiento de los hechos controvertidos:**

   a) Lo pondrá de manifiesto a las partes indicando el hecho o hechos que, a su juicio, podrían verse afectados por la insuficiencia probatoria.

   b) Podrá señalar la prueba o pruebas cuya práctica considere conveniente.

   c) a y b son ciertas.

   d) b y b son incorrectas.

3. **Una vez admitidas las pruebas pertinentes y útiles se procederá a señalar la fecha del juicio, que deberá celebrarse:**

   a) En el plazo de veinte días desde la conclusión de la Audiencia Previa

   b) En el plazo de quince días desde la conclusión de la Audiencia Previa.

   c) En el plazo de un mes desde la conclusión de la Audiencia Previa

   d) En el plazo de dos meses desde la conclusión de la Audiencia Previa.

4. **Cuando la única prueba que resulte admitida sea la de documentos, y éstos ya se hubieran aportado al proceso sin resultar impugnados:**

   a) El tribunal procederá a dictar sentencia, tras la presentación por las partes de un escrito de conclusiones valorando la documental admitida.

   b) El tribunal procederá a dictar sentencia, sin previa celebración del juicio, dentro de los veinte días siguientes a aquel en que termine la audiencia.

   c) El tribunal señalará fecha para la celebración de juicio dentro de los cinco días siguientes, en el cual dictará sentencia in voce.

   d) Ninguna es cierta.

5. **Contra las resoluciones del tribunal sobre admisión o inadmisión de pruebas en el acto de la vista:**

   a) No cabe recurso.

   b) La parte podrá formular protesta a efecto de hacer valer sus derechos, en su caso, en la segunda instancia.

   c) Sólo cabrá recurso de queja, que se sustanciará y resolverá en el acto y, si se desestimare, la parte podrá formular protesta a efecto de hacer valer sus derechos, en su caso, en la segunda instancia.

   d) Sólo cabrá recurso de reposición, que se sustanciará y resolverá en el acto y, si se desestimare, la parte podrá formular protesta a efecto de hacer valer sus derechos, en su caso, en la segunda instancia.

PRÁCTICA 19

SENTENCIA

Es la resolución exclusivamente judicial, de carácter indelegable, expresión de la voluntad del Estado que sujeta a los ciudadanos a su cumplimiento, que constituye la fórmula de conclusión normal del proceso, mediante la cual el juez da resolución al litigio cuyo conocimiento le ha sido sometido.

Continuando con el supuesto de hecho de los casos prácticos anteriores, la parte dispositiva de la Sentencia del Juzgado de Primera Instancia núm. 5 de Pamplona núm. 433/2022 de 23 diciembre, ECLI:ES:JPI:2022:2258, señala que:

DESESTIMO la demanda formulada por la Federación de Asociaciones Obreras Sindicales YYY, D. Pepe y Dª Julia contra Dª Felisa y, en consecuencia, ABSUELVO a la demandada de las pretensiones formuladas en su contra.

Todo ello con expresa imposición de costas a la parte actora.

Se plantean las siguientes cuestiones:

1. ¿En qué plazo se habrá tenido que dictar sentencia por el órgano judicial?

2. ¿En qué situación podría haberse suspendido el plazo para dictar sentencia?

3. ¿Procede la imposición de la condena en costas?

4. ¿Es congruente la sentencia dictada con las pretensiones de las partes?

Preguntas test

1. La sentencia se dictará:

    a) Dentro de los cinco días siguientes a la terminación del juicio

    b) Dentro de los diez días siguientes a la terminación del juicio

    c) Dentro de los veinte días siguientes a la terminación del juicio

    d) Dentro de los treinta días siguientes a la terminación del juicio.

2. Contra el auto de suspensión del plazo para dictar sentencia con ocasión de la práctica de diligencias finales:

    a) Sólo cabe recurso de queja.

    b) Sólo cabe recurso de reposición.

    c) Sólo cabe recurso de apelación.

    d) No cabe recurso.

3. Las pruebas que hubieran podido proponerse en tiempo y forma por las partes:

    a) No se practicarán como diligencias finales.

    b) Podrán practicarse como diligencias finales por causas justificadas.

    c) Podrán practicarse como diligencias finales a solicitud de una de las partes.

    d) Ninguna es correcta.

4. Tras la suspensión del plazo para dictar sentencia, las diligencias finales se llevarán a cabo en el plazo de:

    a) Cinco días.

    b) Diez días.

    c) Veinte días.

    d) Treinta días.

5. Practicadas las diligencias finales:

    a) Las partes deberán, dentro del décimo día, presentar escrito en que resuman y valoren el resultado.

    b) Las partes podrán, dentro del décimo día, presentar escrito en que resuman y valoren el resultado.

c) Las partes deberán, dentro del quinto día, presentar escrito en que resuman y valoren el resultado.

d) Las partes podrán, dentro del quinto día, presentar escrito en que resuman y valoren el resultado.

PRÁCTICA 20

ÓMNIBUS III

Se reproduce a continuación el tenor literal de una sentencia con número de referencia ECLI:ES:JPI:2020:1142:

«La demandante, la mercantil MARKETING XXX S.L.U., en su escrito de demanda, ejercita una acción de anulabilidad, regulada en el art. 1265, en relación con los arts. 1266 y 1269 del CC, de los contratos de servicio de inversiones y gestión de carteras, y, subsidiariamente, una acción de resolución de contrato e indemnización de daños y perjuicios, art. 1124 del CC, contra la mercantil MATADOR YZ, que fundamenta en los siguientes hechos: la demandada es una empresa búlgara, dedicada al asesoramiento de inversiones, con oficina en España (Madrid). En fecha 2 de octubre de 2017 el actor suscribe con la demandada un contrato de servicios de inversión y un contrato de gestión de carteras y transfiere la suma de 50.000,00 € a la cuenta NUM000, titularidad de la demandada. A partir de ese instante comienza a gestionar su depósito en presuntas inversiones, aunque desde diciembre de 2017 se aprecia que no han realizado ninguna operación. Debido a ello procede a pedir explicaciones mediante correos electrónicos y por WhatsApp que acompaña a la presente como documento número seis sin obtener respuesta satisfactoria de Miguel (uno de los socios de MATADOR YZ). Por ello, comienza a remitir diversos correos electrónicos el 12 de abril de 2018 pidiendo cerrar su cuenta y que se le devuelva su depósito tal, respondiendo el Presidente de MATADOR YZ, D. Prudencio, indicándole que su depósito se encuentra en otra empresa del grupo denominada MATADOR YZ México».

1. ¿Qué tipo de procedimiento se ha seguido?

2. ¿Qué juzgado será el competente objetiva, funcional y territorialmente para conocer el asunto?

3. ¿Pueden acumularse en la misma demanda las acciones que pretenden ser ejercitadas por Manuel?

4. ¿Quiénes serán partes legitimadas en el procedimiento?

5. ¿Qué ocurrirá si la mercantil MATADOR YZ no comparece en el acto del juicio?

PRÁCTICA 21

ÓMNIBUS IV

Se reproduce a continuación el tenor literal de una sentencia con número de referencia ECLI:ES:JPI:2021:1598:

«PRIMERO.- El Procurador Sr. ALBERTO en nombre y representación de Dolores formuló demanda de juicio ordinario contra las mercantiles XXXXSA, WWWWSA y ZZZZSA, con sede social en Orihuela, demanda que por turno ha correspondido a este Juzgado y en la que se ejercita acción de reclamación de cantidad por daños y perjuicios por producto defectuoso y al amparo de los arts. 1902 y 1903 CC. Alegó los fundamentos de derecho que estimó de aplicación y terminó con la súplica de que se dictara sentencia por la que declare responsabilidad civil de los demandados de acuerdo con lo establecido en el Texto Refundido para la Defensa de Consumidores y Usuarios ya citado, y de las dimanantes de los artículos del Código Civil 1100, 1104, 1968.2, 1902, condene a las demandadas a que indemnicen solidariamente a la actora con la cantidad de SEISCIENTOS VEINTIÚN MIL QUINIENTOS CUARENTA Y SEIS EUROS (621.546 euros) (…), todo ello con expresa imposición de costas.

SEGUNDO.- Admitida a trámite la demanda mediante decreto, se dio traslado a la parte contraria a fin de que compareciera y contestara la misma en el plazo legalmente establecido. Efectuado el emplazamiento, la demandada XXXXSA inicialmente planteó declinatoria por falta de competencia territorial que fue desestimada por auto de fecha 17 de septiembre de 2020, aclarado por auto de 30 de septiembre de 2020. Seguidamente, los demandados comparecieron en forma oponiéndose a la demanda y formulando las alegaciones oportunas».

1. ¿Qué tipo de procedimiento se ha seguido?

2. ¿Qué juzgado será el competente objetiva, funcional y territorialmente para conocer el asunto?

3. ¿Podría haberse interpuesto la demanda únicamente contra una de las entidades mercantiles?

4. ¿Podrían haberse interpuesto demandas distintas contra cada una de las entidades mercantiles?

5. ¿Cómo habrá tenido lugar la imposición del escrito de declinatoria? ¿Se podría haber planteado la falta de competencia en la Audiencia Previa?

6. ¿Qué actuaciones se llevarán a cabo durante el acto del juicio?

PRÁCTICA 22

CONCLUSIÓN ANORMAL DEL PROCESO

> *Los litigantes están facultados para disponer del objeto del juicio y podrán renunciar, desistir del juicio, allanarse, someterse a mediación o a arbitraje y transigir sobre lo que sea objeto del mismo, excepto cuando la ley lo prohíba o establezca limitaciones por razones de interés general o en beneficio de tercero.*

Esther es propietaria de una finca rústica destinada al cultivo de vides ubicada en el término municipal de Roa de Duero (Partido Judicial de Aranda de Duero). En 2016 suscribió un contrato de compra-venta con la mercantil VINOS BURGALESES S.A., con domicilio social en Aranda, que se compromete a pagar 25.000 euros anuales durante cinco años, pagaderos el 1 de septiembre de cada año natural.

En el año en curso, la entidad todavía no ha procedido al pago de la cantidad correspondiente a la anualidad anterior. Ante la inatención a los requerimientos extrajudiciales de Esther, ésta decide interponer demanda el 25 de marzo de 2024 en ejercicio de una acción de resolución de contrato y reclamación de cantidad debida. Admitida a trámite y tras la presentación en tiempo y forma de escrito de contestación por VINOS BURGALESES S.A., tiene lugar el señalamiento para la celebración de Audiencia Previa el 25 de septiembre de 2024.

Comparecidas ambas partes, el órgano judicial conmina a los letrados de ambas a llegar a un acuerdo.

1. ¿Cabe la transacción sobre el objeto del proceso en el caso de autos?

2. ¿Puede llegarse a un acuerdo en este momento del proceso?

3. ¿Podría tener lugar la suspensión del proceso?

4. En caso de acuerdo entre las partes, ¿será homologado por la autoridad judicial? En su caso, ¿qué órgano será competente y por medio de qué tipo de resolución?

Preguntas test

1. Si las partes pretendieran una transacción judicial:

   a) En todo caso, habrá de ser homologado por el tribunal que esté conociendo del litigio al que se pretenda poner fin.

   b) Será homologado por el tribunal que esté conociendo del litigio al que se pretenda poner fin, siempre y cuando no haya prohibición legal expresa de disponer sobre la materia a que se refiere el litigio.

   c) Podrá hacerse en cualquier momento del proceso, a excepción de la fase de ejecución de la sentencia.

   d) Ninguna es cierta.

2. Cuando las partes en el proceso pretendan poner fin al mismo mediante acuerdo:

   a) Podrán solicitar la suspensión del proceso, que será acordada por el órgano judicial que esté conociendo del mismo mediante auto siempre que no perjudique al interés general o a tercero y que el plazo de la suspensión no supere los sesenta días.

   b) Podrán solicitar la suspensión del proceso, que será acordada por el Letrado de la Administración de Justicia mediante decreto siempre que no perjudique al interés general o a tercero y que el plazo de la suspensión no supere los treinta días.

   c) Podrán solicitar la suspensión del proceso, que será acordada por el Letrado de la Administración de Justicia mediante decreto siempre que no perjudique al interés general o a tercero y que el plazo de la suspensión no supere los sesenta días.

   d) Podrán solicitar la suspensión del proceso, que será acordada por el órgano judicial que esté conociendo del mismo mediante auto siempre que no perjudique al interés general o a tercero y que el plazo de la suspensión no supere los treinta días.

3. Cuando el actor manifieste su renuncia a la acción ejercitada o al derecho en que funde su pretensión:

   a) El tribunal dictará sentencia absolviendo al demandado, salvo que la renuncia fuese legalmente inadmisible.

b) El tribunal dictará auto archivando el proceso, salvo que la renuncia fuese legalmente inadmisible.

c) En todo caso, el tribunal dictará sentencia absolviendo al demandado.

d) El LAJ notificará la renuncia al demandado para que, en el plazo de diez días, manifieste lo que a su interés convenga.

4. **El demandante podrá desistir unilateralmente del juicio:**

a) Antes de que el demandado sea emplazado para contestar a la demanda o citado para juicio.

b) Antes de la celebración de la Audiencia Previa.

c) Antes de la celebración del acto del juicio.

d) Antes del dictado de sentencia.

5. **Tras el desistimiento del demandante, al demandado se le dará traslado del escrito de desistimiento por plazo de:**

a) Cinco días.

b) Diez días.

c) Quince días.

d) Veinte días.

PRÁCTICA 23

MEDIOS DE IMPUGNACIÓN DE RESOLUCIONES

Contra las resoluciones de los Tribunales y Letrados de la Administración de Justicia que les afecten desfavorablemente, las partes podrán interponer los recursos previstos en la ley.

Los medios de impugnación pueden ser:

- *Por sus efectos:*

  - *Devolutivos: si lo resuelve otro órgano procesal distinto al que dictó la resolución recurrida, que se entiende de categoría jerárquica superior.*

  - *No devolutivos: si lo resuelve el mismo órgano procesal que dictó la resolución impugnada.*

- *Por las causas que los motivan:*

  - *Ordinarios: en ellos, no es necesario especificar la causa o motivo del recurso, bastando con alegar el perjuicio que ocasiona la resolución recurrida.*

  - *Extraordinarios: se necesita precisar el motivo concreto que da lugar a la impugnación, y además ese motivo tiene que estar admitido en la ley como tal.*

Feliciano y María son un matrimonio de jubilados que durante toda su vida laboral depositaron su dinero en la Caja de Ahorros XXXX. En 2024, recibieron una llamada del director de la sucursal de su barrio, quien les insistió para que transfiriesen sus ahorros (55.000 euros) desde su depósito a plazo fijo a otro con vencimiento a cinco años que tendría igual seguridad, ningún riesgo y mejores beneficios, por lo que aceptaron lo que se les ofrecía. Sin embargo, lo que en realidad se les ofrecía eran unas participaciones preferentes de la propia entidad.

Cuando, tras el trascurso del plazo de vencimiento, el matrimonio acudió a la Caja a retirar su dinero, se encontraron con que no se les devolvería nada. Interponen demanda contra la entidad bancaria esgrimiendo que la demandada infringió toda la normativa de protección de los clientes bancarios referida a la diligencia y transparencia informativa y consideran que el contrato suscrito entre las partes debe ser declarado nulo por la defectuosa formación del consentimiento por parte de los actores como consecuencia directa de la actuación de la Caja, puesto que de haber conocido debidamente el contenido del contrato y los riesgos que asumían, nunca lo hubieran suscrito.

Por su parte, la demandada se opone alegando que los demandados han suscrito multitud de productos financieros y que les ofreció todo tipo de información sobre el producto contratado, les entregó los documentos informativos pertinentes, formalizaron la orden de compra de las participaciones preferentes y recibieron periódicamente información de los productos contratados, por lo que no pueden invocar error en la contratación ni desconocimiento de la existencia de la inversión realizada.

El Juzgado de Primera Instancia núm. 6 de Almería, competente para el conocimiento del asunto, dicta sentencia estimatoria de las pretensiones de los demandantes, condenando a la entidad bancaria a la restitución de los 55.000 euros invertidos en 2024, más el interés legal de dicha suma desde esa fecha. Ello con la correspondiente imposición de costas a la demandada.

Resuelva las cuestiones siguientes, aplicando la LEC en su versión tras la modificación operada por el Real Decreto-ley 6/2023, de 19 de diciembre, por el que se aprueban medidas urgentes para la ejecución del Plan de Recuperación, Transformación y Resiliencia en materia de servicio público de justicia, función pública, régimen local y mecenazgo.

1. ¿Qué tipo de recurso cabe interponer contra la sentencia dictada en primera instancia?

2. ¿Cuál es el diez a quo para la interposición del recurso en el plazo que en su caso corresponda?

3. Si el órgano judicial declara la admisión del recurso ¿puede la parte recurrida impugnar la decisión?

4. ¿Pueden aportarse por las partes nuevas pruebas ante el órgano judicial competente para el conocimiento del recurso?

5. Si se alegare infracción de garantías procesales durante la primera instancia, ¿qué requisitos deben darse para la admisión del recurso?

Preguntas test

1. Contra las diligencias de ordenación y decretos no definitivos:

   a) Cabrá recurso de apelación ante el Letrado de la Administración de Justicia que dictó la resolución recurrida

   b) No cabrá recurso.

   c) Cabrá recurso de reposición ante el Letrado de la Administración de Justicia que dictó la resolución recurrida.

   d) Cabrá recurso de queja ante el Letrado de la Administración de Justicia que dictó la resolución recurrida.

2. El recurso de reposición deberá interponerse en el plazo de:

   a) Cinco días.

   b) Diez días.

   c) Quince días.

   d) Veinte días.

3. Contra el decreto resolutivo de la reposición:

   a) No cabrá recurso.

   b) Cabrá recurso de revisión ante el tribunal.

   c) Cabrá recurso de queja ante el tribunal.

   d) Cabrá un nuevo recurso de reposición ante el LAJ.

4. El recurso de apelación se interpondrá:

   a) Ante el tribunal que dictó la resolución a impugnar, en el plazo de veinte días desde la notificación de la resolución impugnada.

   b) Ante el tribunal que dictó la resolución a impugnar, en el plazo de treinta días desde la notificación de la resolución impugnada.

   c) Ante el tribunal que sea competente para conocer del mismo, en el plazo de treinta días desde la notificación de la resolución impugnada.

   d) Ante el tribunal que sea competente para conocer del mismo, en el plazo de veinte días desde la notificación de la resolución impugnada.

5. El recurso de casación:

   a) Habrá de fundarse en infracción de norma procesal o sustantiva, siempre que concurra interés casacional.

b) Podrá interponerse en todo caso recurso de casación contra sentencias dictadas para la tutela judicial civil de derechos fundamentales
susceptibles de recurso de amparo, aun cuando no concurra interés
casacional.

c) a y b son ciertas.

d) a y b son incorrectas.

PRÁCTICA 24

JUICIO VERBAL

Criterio cuantitativo (250.2 LEC): demandas cuya cuantía no exceda de 15.000 €, pero siempre que no versen sobre materias que tengan fijado el trámite del Juicio Ordinario.

Criterio cualitativo (250.1 LEC): para aquellas demandas por determinadas materias, cualquiera que sea su cuantía, cuya tramitación presenta algunas especialidades en cada caso.

Se interpone demanda en ejercicio de la acción confesoria de servidumbre de paso sobre la finca registral número 0000, propiedad de la demandada Julieta, a favor de la finca registral número 11111, propiedad de la actora Mercedes, ambas inscritas en el Registro de la Propiedad de Alicante.

La finca titularidad de Mercedes y la de la demandada eran originariamente una sola finca registral, titularidad del anterior propietario y causante Demetrio, habiéndose dividido la finca originaria en las dos fincas registrales descritas anteriormente, a raíz de la partición de la herencia del citado causante, adjudicándose cada una de las fincas a los herederos Mario y Guillermo.

Mercedes adquirió la citada finca registral número 1111 mediante contrato de compraventa, siendo el vendedor el heredero Mario. Por su parte, Julieta adquirió del heredero Guillermo la finca registral número 0000.

La finca de la que es actualmente titular Mercedes, tenía un camino de acceso que discurría por la finca de la demandada, según había establecido el causante y que se mantuvo durante todo el tiempo en que fue titular de la finca el otro heredero. Esta situación se ha perturbado desde el momento en que adquirió el predio sirviente la demandada, quien ha mostrado su oposición al paso por su finca desde su adquisición. Se insta así en la demanda la acción confesoria de servidumbre de paso en atención al artículo 541 CC.

1. ¿Por qué el procedimiento habrá de seguir los cauces del juicio verbal?

2. Admitida la demanda, ¿a través de qué acto de comunicación se emplazará al demandado para la presentación del escrito de oposición?

3. Las partes, ¿han de comparecer en el proceso representadas por procurador y asistidas de letrado? ¿Cabe la presentación de demanda sucinta?

4. ¿Qué ocurrirá si el demandante no acude a la vista?

Preguntas test

1. En los juicios verbales en que no se actúe con abogado y procurador:

    a) El mismo principiará por demanda, con el contenido y forma propios del juicio ordinario.

    b) El demandante podrá formular una demanda sucinta.

    c) El demandante podrá relatar oralmente los hechos ante el órgano judicial como forma de inicio del proceso.

    d) Todas son incorrectas.

2. En los juicios verbales, admitida la demanda, dará traslado de ella al demandado para que la conteste por escrito en el plazo de:

    a) Cinco días.

    b) Diez días.

    c) Quince días.

    d) Veinte días.

3. Sobre la pertinencia de la celebración de la vista:

    a) El demandado deberá pronunciarse, necesariamente, en su escrito de contestación.

    b) El demandante deberá pronunciarse sobre ello, en el plazo de tres días desde el traslado del escrito de contestación.

    c) a y b son ciertas.

    d) a y b son incorrectas.

4. **No se admitirán las demandas que pretendan retener o recobrar la posesión:**

   a) Si se interponen transcurrido el plazo de seis meses a contar desde el acto de la perturbación o el despojo.

   b) Si se interponen transcurrido el plazo de dos años a contar desde el acto de la perturbación o el despojo.

   c) Si se interponen transcurrido el plazo de un mes a contar desde el acto de la perturbación o el despojo.

   d) Si se interponen transcurrido el plazo de un año a contar desde el acto de la perturbación o el despojo.

5. **Si el demandante no asistiese a la vista señalada en el trascurso del juicio verbal:**

   a) Se le tendrá en el acto por desistido de la demanda, sin expresa imposición de costas.

   b) Si el demandado no alegare interés legítimo en la continuación del proceso para que se dicte sentencia sobre el fondo, se tendrá al demandante por desistido de la demanda.

   c) Se procederá a la celebración del juicio.

   d) Ninguna es correcta.

SOLUCIONES

PRÁCTICA 1

NOCIONES GENERALES DEL PROCESO CIVIL

Pregunta 1.- El litigio se ha iniciado por los cauces del proceso monitorio, mediante la petición inicial formulada por María (artículo 814 LEC). Ante la oposición formulada por Casilda, el asunto se resolverá definitivamente en juicio verbal, dado que es éste el procedimiento que corresponde en atención a la cuantía, fijada para el juicio verbal en menos de 15.000 euros a raíz de la modificación del artículo 250.2 LEC operada por el Real Decreto-ley 6/2023, de 19 de diciembre, por el que se aprueban medidas urgentes para la ejecución del Plan de Recuperación, Transformación y Resiliencia en materia de servicio público de justicia, función pública, régimen local y mecenazgo.

Pregunta 2.- De acuerdo con el artículo 129 bis, *Constituido el Juzgado o Tribunal en su sede, los actos de juicio, vistas, audiencias, comparecencias, declaraciones y, en general, todos los actos procesales, se realizarán preferentemente mediante presencia telemática, siempre que las oficinas judiciales tengan a su disposición los medios técnicos necesarios para ello.*

Pregunta 3.- Podrían verse vulnerados principios tales como el de contradicción y el de igualdad de partes, derivados ambos del artículo 24.2 CE.

Preguntas test

1	a
2	c
3	d
4	d
5	b

PRÁCTICA 2

COMPETENCIA OBJETIVA

Caso 1. Indica el artículo 769.1 LEC: *Salvo que expresamente se disponga otra cosa, será tribunal competente para conocer de los procedimientos a que se refiere este capítulo el Juzgado de Primera Instancia del lugar del domicilio conyugal. En el caso de residir los cónyuges en distintos partidos judiciales, será tribunal competente, a elección del demandante, el del último domicilio del matrimonio o el de residencia del demandado (…).*

Nos encontramos ante un supuesto de determinación de la competencia objetiva, de forma que tan sólo ha de darse respuesta a la cuestión de qué órgano deberá conocer del asunto en primera instancia. Esta competencia se atribuye a los Juzgados de Primera Instancia.

Caso 2. Indica el artículo 86 ter LOPJ: *Los Juzgados de lo Mercantil conocerán de cuantas cuestiones sean de la competencia del orden jurisdiccional civil en materia de concurso de acreedores, cualquiera que sea la condición civil o mercantil del deudor, de los planes de reestructuración y del procedimiento especial para microempresas, en los términos establecidos por el texto refundido de la Ley Concursal (…).*

A la luz del texto transcrito, será competente para conocer del concurso de acreedores el Juzgado de lo Mercantil de Zaragoza.

Caso 3. Indica el artículo 75.2 LOPJ: *La Sala de lo Social del Tribunal Superior de Justicia conocerá: (…) De los recursos que establezca la ley contra las resoluciones dictadas por los Juzgados de lo Social de la comunidad autónoma, así como de los recursos de suplicación y los demás que prevé la ley contra las resoluciones de los juzgados de lo mercantil de la comunidad autónoma en materia laboral, y las que resuelvan los incidentes concursales que versen sobre la misma materia.*

Por lo tanto, la Sala de lo Social de Tribunal Superior de Justicia de Aragón será competente para conocer del recurso interpuesto contra la resolución del Juzgado de lo Mercantil de Zaragoza en cuestiones de materia laboral derivadas del incidente concursal.

Caso 4. El conocimiento de las fases de instrucción y de juicio oral, en cuanto que fases propias del proceso penal, corresponde a la jurisdicción penal (artículo 23.1 LOPJ).

Por cuanto se refiere al divorcio de la pareja, la regla general señala que de los procesos de divorcio conocerá el Juzgado de Primera Instancia desde el punto de vista de la competencia objetiva (artículo 769.1 LEC). Ahora bien, dado que se trata de un divorcio que tiene lugar en el curso de un proceso penal por violencia de género, resultará competente el Juzgado de Violencia sobre la Mujer, en virtud del artículo 87 ter 2 LOPJ.

Caso 5. Indica el artículo 73.2.a) LOPJ: *La Sala de lo Civil y Penal del Tribunal Superior de Justicia conocerá, como Sala de lo Civil: (...) En única instancia, de las demandas de responsabilidad civil, por hechos cometidos en el ejercicio de sus respectivos cargos, dirigidas contra el Presidente y miembros del Consejo de Gobierno de la comunidad autónoma y contra los miembros de la Asamblea legislativa, cuando tal atribución no corresponda, según los Estatutos de Autonomía, al Tribunal Supremo.*

Será competencia, por lo tanto, de la Sala de lo Civil y Penal del Tribunal Superior de Justicia de la Comunidad Autónoma XX.

Preguntas test

1	b
2	a
3	d
4	d
5	c

PRÁCTICA 3

COMPETENCIA FUNCIONAL

Caso 1. Es aplicable el art. 51.1 LOPJ: *Las cuestiones de competencia entre Juzgados y Tribunales de un mismo orden jurisdiccional se resolverán por el órgano inmediato superior común, conforme a las normas establecidas en las leyes procesales.*

El único superior jerárquico común entre el Juzgado de 1.ª Instancia n.º 4 de Córdoba y el Juzgado de 1.ª Instancia n.º 6 de Burgos es el Tribunal Supremo, por lo que será a éste a quien corresponda el conocimiento de la cuestión de competencia.

Caso 2. Es aplicable el artículo 110.6.º LEC: *Decidirán los incidentes de recusación: (...) Cuando el recusado sea un Juez de Primera Instancia o Juez de lo Mercantil, la Sección de la Audiencia Provincial que conozca de los recursos contra sus resoluciones, y, si fueren varias, se establecerá un turno comenzando por la Sección Primera.*

Por tanto, de la recusación conocerá la Audiencia Provincial de Sevilla (Sección 2, 5, 6 o 8 Civil).

Caso 3. Es aplicable el artículo 82.2.1.º LEC: *Las Audiencias Provinciales conocerán en el orden civil: De los recursos que establezca la ley contra las resoluciones dictadas en primera instancia por los Juzgados de Primera Instancia de la provincial (...).*

Así, del recurso conocerá la Audiencia Provincial de Cáceres.

Preguntas test

1	b
2	d
3	b
4	a
5	c

PRÁCTICA 4

COMPETENCIA TERRITORIAL

Caso 1. Es aplicable el artículo 52.1.1.º LEC: *En los juicios en que se ejerciten acciones reales sobre bienes inmuebles será tribunal competente el del lugar en que esté sita la cosa litigiosa. Cuando la acción real se ejercite sobre varias cosas inmuebles o sobre una sola que esté situada en diferentes circunscripciones, será tribunal competente el de cualquiera de éstas, a elección del demandante.*

Así pues, será competente el Juzgado de Primera Instancia de Lerma o el de Aranda, a elección del demandante.

Caso 2. Es aplicable el artículo 52.1.6.º LEC: *En materia de derecho al honor, a la intimidad personal y familiar y a la propia imagen y, en general, en materia de protección civil de derechos fundamentales, será competente el tribunal del domicilio del demandante, y cuando no lo tuviere en territorio español, el tribunal del lugar donde se hubiera producido el hecho que vulnere el derecho fundamental de que se trate.*

Serán competentes los Juzgados de Primera Instancia de Barcelona.

Caso 3. Es aplicable el artículo 52.1.4.º LEC: *En los juicios sobre cuestiones hereditarias, será competente el tribunal del lugar en que el finado tuvo su último domicilio y si lo hubiere tenido en país extranjero, el del lugar de su último domicilio en España, o donde estuviere la mayor parte de sus bienes, a elección del demandante.*

El finado tuvo su último domicilio fuera de España, por lo que entra en juego la regla del segundo inciso del precepto indicado. Así, será competente para el conocimiento del asunto el Juzgado de Primera Instancia de Granada, dado que coincide que es el lugar donde tuvo su última residencia en España y donde se hallan los bienes del finado. De no darse esta coincidencia, la opción por una u otra circunscripción territorial correspondería al demandante.

Preguntas test

1	b
2	c
3	d
4	c
5	a

PRÁCTICA 5

CAPACIDAD PARA SER PARTE Y CAPACIDAD PROCESAL

Pregunta 1. Es aplicable el artículo 6.1 LEC: *Podrán ser parte en los procesos ante los tribunales civiles las personas físicas.*

Así, son partes procesales en el litigio que en su caso se derive de los hechos tanto el arrendador (Fernando) como los dos arrendatarios, en cuanto que titulares de la relación jurídica material (contrato de arrendamiento). No así el subarrendatario, en cuanto que la demanda de resolución contractual no se dirigirá contra él.

Pregunta 2. Es aplicable el artículo 7.1 LEC: *Podrán comparecer en juicio todas las personas.*

Por lo tanto, ostentan capacidad procesal tanto el arrendador (Fernando) como los dos arrendatarios.

Pregunta 3. El fallecimiento determina la pérdida de capacidad jurídica (artículo 32 CC) y, por ende, la pérdida de capacidad para ser parte. Por lo tanto, si Fernando fallece antes de iniciado el litigio mediante la interposición de la demanda, no podrá ostentar la condición de parte activa en el mismo.

Ha de señalarse además que, en caso de obviarse lo anterior, la interposición de la demanda en nombre de Fernando viciará de nulidad todos los actos, puesto que la falta de capacidad para ser parte no es, por su propia naturaleza, subsanable. Ello puede ser apreciado tanto de oficio por el juez en cualquier momento del proceso (artículo 9 LEC), como a instancia de parte de múltiples formas según el estado del proceso, impidiendo en todo caso un pronunciamiento sobre el fondo, y dictándose auto poniendo fin al proceso.

Pregunta 4. Según la modificación del artículo 7 bis 1 LEC por medio del Real Decreto-ley 6/2023, de 19 de diciembre, por el que se aprueban medidas urgentes para la ejecución del Plan de Recuperación, Transformación y Resiliencia en materia de servicio público de justicia, función pública, régimen local y mecenazgo, *en los procesos en los que participen personas con* *discapacidad y personas mayores que lo soliciten o, en todo caso, personas con una edad de ochenta años o más, se realizarán las adaptaciones y los ajustes que sean necesarios para garantizar su participación en condiciones de igualdad.*

Dado que Fernando tiene 87 años, se incardina en el inciso segundo del precepto, de forma que deberán realizarse las adaptaciones necesarias para su efectiva participación en el proceso, ya sea por su propia petición o de oficio por el órgano jurisdiccional. Habrá por tanto de prestarse atención a los ajustes previstos en el apartado 2 del artículo 7 bis LEC.

Pregunta 5. De conformidad con el artículo 7.1 LEC, todas las personas pueden comparecer en juicio. Así, independientemente de su edad, Fernando tiene capacidad procesal, por lo que no será representado por su hijo Diego en el proceso. Ahora bien, en caso de que las habilidades cognitivas de Fernando así lo requieran, Diego podrá actuar como persona de apoyo en el ejercicio de la capacidad jurídica de su padre (artículo 7 bis 2 LEC).

Preguntas test

1	b
2	c
3	a
4	c
5	a

PRÁCTICA 6

POSTULACIÓN PROCESAL

Pregunta 1. El proceso judicial seguirá los cauces del juicio verbal. Ello por cuanto se trata de un procedimiento de reclamación de cantidad que viene determinado por razón de la cuantía, la cual no supera los 15.000 euros, de conformidad con la modificación del artículo 250.2 LEC operada por el Real Decreto-ley 6/2023, de 19 de diciembre, por el que se aprueban medidas urgentes para la ejecución del Plan de Recuperación, Transformación y Resiliencia en materia de servicio público de justicia, función pública, régimen local y mecenazgo.

Pregunta 2. Beatriz no puede interponer la demanda por sí misma. El artículo 23 LEC establece como regla general la realización de actos procesales por medio de procurador. El apartado segundo del precepto establece una serie de excepciones, pero el hecho que nos ocupa no se incardina en ninguna de ellas.

Pregunta 3. El apoderamiento en favor del procurador se llevará a cabo de conformidad con lo previsto en el artículo 24 LEC, en la redacción dada por el Real Decreto-ley 6/2023, de 19 de diciembre, por el que se aprueban medidas urgentes para la ejecución del Plan de Recuperación, Transformación y Resiliencia en materia de servicio público de justicia, función pública, régimen local y mecenazgo.

Así, podrá realizarse por comparecencia electrónica, a través de una sede judicial electrónica, en el registro electrónico de apoderamientos judiciales *apud acta*; o ante notario o por comparecencia personal, sea presencial o por medios electrónicos, ante el letrado o letrada de la Administración de Justicia de cualquier oficina judicial.

Pregunta 4. Cada una de las partes en el proceso debe estar asistida de letrado. El artículo 31 LEC establece como regla general que las partes actuarán en el proceso bajo la dirección de abogados habilitados. El apartado segundo del precepto establece una serie de excepciones, pero el hecho que nos ocupa no se incardina en ninguna de ellas.

La postulación (ya sea de representación por el procurador, de asistencia por el letrado, o de ambas) es un requisito que debe acreditarse en el primer acto o escrito procesal realizado por cada una de las partes, toda vez que se trata de una condición de admisibilidad de los actos procesales.

La falta de postulación tiene carácter subsanable y puede ser controlada tanto de oficio como a instancia de parte (tanto en la contestación a la demanda, como en la Audiencia Previa o en el Juicio).

Preguntas test

1	c
2	b
3	d
4	c
5	b

PRÁCTICA 7

PLURALIDAD DE PARTES

Pregunta 1. Claudia ostenta legitimación pasiva, pues, siendo propietaria de la vivienda, se encuentra en situación de soportar la tutela jurisdiccional (artículo 10 LEC).

Pregunta 2. La demanda debería haberse dirigido contra los tres hermanos. Nos encontramos ante un supuesto de falta de litisconsorcio pasivo necesario, habida cuenta de que se ejercitan acciones (rescisión del contrato de compraventa y restitución del precio pagado) indivisibles. Ello por cuanto que todos los hermanos son propietarios a partes iguales del bien inmueble, el cual es indivisible. Véase el artículo 1139 CC: *Si la división fuere imposible, sólo perjudicarán al derecho de los acreedores los actos colectivos de éstos y sólo podrá hacerse efectiva la deuda procediendo contra todos los deudores.*

Resulta por tanto aplicable el artículo 12.2 LEC: *Cuando por razón de lo que sea objeto del juicio la tutela jurisdiccional solicitada sólo pueda hacerse efectiva frente a varios sujetos conjuntamente considerados, todos ellos habrán de ser demandados, como litisconsortes, salvo que la ley disponga expresamente otra cosa.*

Pregunta 3. La falta de litisconsorcio es una cuestión procesal que debe examinarse antes de analizar el fondo del asunto. Así, se prevé en el artículo 416.3 LEC como una de las cuestiones a resolver por el órgano judicial en la Audiencia Previa. Rige para ello el artículo 420 LEC: *Cuando el demandado haya alegado en la contestación falta del debido litisconsorcio, podrá el actor, en la audiencia, presentar, con las copias correspondientes, escrito dirigiendo la demanda a los sujetos que el demandado considerase que habían de ser sus litisconsortes y el tribunal, si estima procedente el litisconsorcio, lo declarará así, ordenando emplazar a los nuevos demandados para que contesten a la demanda, con suspensión de la audiencia.*

Preguntas test

1	d
2	c
3	b
4	a
5	a

PRÁCTICA 8

SUCESIÓN PROCESAL

Pregunta 1. En efecto, nos encontramos ante un supuesto de sucesión procesal mortis causa, contemplado en el artículo 16 LEC, toda vez que el fallecimiento de Guillermo ha acontecido tras el inicio del litigio y, por tanto, cuando ya tenía la condición de demandado. En este sentido, señala el indicado artículo: *Cuando se transmita mortis causa lo que sea objeto del juicio, la persona o personas que sucedan al causante podrán continuar ocupando en dicho juicio la misma posición que éste, a todos los efectos.*

Los cinco hijos de Guillermo adquirirán la condición de sucesores procesales, lo cual obedece a su condición de herederos (artículo 661 CC). No se indica, además, la existencia de disposición testamentaria alguna por la que se adjudique la vivienda de forma diferente al régimen general previsto en la normativa civil. Así, al adquirir la condición de herederos y tras la aceptación de la herencia, los hijos del finado pasan a ocupar su posición en el proceso civil iniciado.

De no personarse, el Letrado de la Administración de Justicia, por medio de diligencia de ordenación, permitirá al matrimonio arrendatario, en cuanto que otra parte en el proceso, pedir, con identificación de los sucesores y de su domicilio o residencia, que se les notifique la existencia del proceso, emplazándoles para comparecer en el plazo de diez días (artículo 16.2 LEC).

Pregunta 2. Resulta aplicable el artículo 16.3 LEC: *Cuando el litigante fallecido sea el demandado y las demás partes no conocieren a los sucesores o éstos no pudieran ser localizados o no quisieran comparecer, el proceso seguirá adelante, declarándose por el Letrado de la Administración de Justicia la rebeldía de la parte demandada.* De esta forma, la negativa a comparecer por parte de alguno de ellos dará lugar a la continuación del proceso en situación de rebeldía respecto de éstos, teniéndose por personados al resto.

Preguntas test

1	b
2	b
3	b
4	a
5	b

PRÁCTICA 9

ACUMULACIÓN DE ACCIONES

Pregunta 1. Por un lado, la acumulación de las cuatro acciones tiene la consideración de acumulación simple, solicitándose la estimación de todas ellas.

Por otro lado, la acción para que se declare el incumplimiento del contrato de arrendamiento tiene respecto de las tres acciones restantes la consideración de acción principal; por su parte, la acción para la recuperación de la posesión de la finca, la acción de reclamación de cantidades debidas y la acción de reclamación de daños y perjuicios, son respecto de aquélla acciones accesorias.

Ciertamente, si se pide con base en el art. 1.124 CC y 27.2.a) Ley 29/1994, de 24 de noviembre, de Arrendamientos Urbanos, la resolución del contrato, la estimación de esta pretensión será imprescindible para que a su vez puedan estimarse las restantes tres acciones.

Pregunta 2. La acción para que se declare el incumplimiento del contrato de arrendamiento, la acción para la recuperación de la posesión de la finca y la acción de reclamación de cantidades debidas son acumulables. Todas ellas se circunscriben en el artículo 250.1.1.º LEC, debiendo por lo tanto seguirse los cauces del juicio verbal por razón de la materia.

Sin embargo, la acción de reclamación de daños y perjuicios, la cual debe tramitarse por los cauces del juicio ordinario por razón de la cuantía (artículo 249.2 LEC, por ser la cantidad reclamada superior a 15.000 euros), no es acumulable a las anteriores. Ello porque resulta aplicable el artículo 73 LEC, por el cual, no cabe la acumulación *cuando las acciones acumuladas deban, por razón de su materia, ventilarse en juicios de diferente tipo.*

Además, esta materia no aparece entre las excepciones que menciona el artículo 437.4 LEC para acumular acciones en el juicio verbal.

Pregunta 3. El demandado podrá aducir la indebida acumulación de acciones en su escrito de contestación a la demanda. Igualmente resulta aplicable el artículo 73.3 LEC: *Si se hubieren acumulado varias acciones indebidamente, el Letrado de la Administración de Justicia requerirá al actor, antes de proceder a admitir la demanda, para que subsane el defecto en el plazo de cinco días, manteniendo las acciones cuya acumulación fuere posible. Transcurrido el término sin que se produzca la subsanación, o si se mantuviera la circunstancia de no acumulabilidad entre las acciones que se pretendieran mantener por el actor, dará cuenta al Tribunal para que por el mismo se resuelva sobre la admisión de la demanda.*

Preguntas test

1	c
2	b
3	c
4	b
5	a

PRÁCTICA 10

DILIGENCIAS PRELIMINARES

Pregunta 1. De conformidad con el artículo 256.1. 5.º LEC, todo juicio podrá prepararse: *Por petición del que se considere perjudicado por un hecho que pudiera estar cubierto por seguro de responsabilidad civil, de que se exhiba el contrato de seguro por quien lo tenga en su poder.* Por lo tanto, Juanjo podrá solicitar que se exhiba por la Comunidad el contrato con la aseguradora.

Pregunta 2. Es aplicable el artículo 257.1 LEC: *Será competente para resolver sobre las peticiones y solicitudes a que se refiere el artículo anterior el juez de primera instancia o de lo mercantil, cuando proceda, del domicilio de la persona que, en su caso, hubiera de declarar, exhibir o intervenir de otro modo en las actuaciones que se acordaran para preparar el juicio.*

Por lo tanto, para conocer de la solicitud de diligencia preliminar será competente el Juzgado de Primera Instancia que conocerá de la demanda que Juanjo formule con posterioridad contra la Comunidad de Propietarios, esto es, el Juzgado de Primera Instancia de Murcia por ser éste el lugar donde se ubica el inmueble, de conformidad con la regla del artículo 52.1. 8.º LEC.

Pregunta 3. De conformidad con el artículo 258.1 LEC: *Si el tribunal apreciare que la diligencia es adecuada a la finalidad que el solicitante persigue y que en la solicitud concurren justa causa e interés legítimo, accederá a la pretensión, fijando la caución que deba prestarse.* Ello es también conforme con el artículo 256.3 LEC, por el cual, *los gastos que se ocasionen a las personas que hubieren de intervenir en las diligencias serán a cargo del solicitante de las diligencias preliminares. Al pedir éstas, dicho solicitante ofrecerá caución para responder tanto de tales gastos como de los daños y perjuicios que se les pudieren irrogar.*

Juanjo dispondrá de un plazo de tres días para la prestación de la caución, contados a partir del día en que se dicte Auto estimando la práctica de la diligencia. De no llevarse a cabo el abono, *se procederá por el Letrado de la Administración de Justicia, mediante decreto dictado al efecto, al archivo definitivo de las actuaciones* (artículo 258.3).

Pregunta 4. Acordada la práctica de la diligencia por medio de Auto, ésta deberá practicarse en el plazo de diez días a partir de su notificación a la Comunidad (artículo 259.1 LEC). Sin embargo, desde el momento en que se reciba tal notificación la Comunidad dispondrá de un plazo de 5 días para oponerse a la entrega de la documentación. En tal caso, rige el artículo 260.1 LEC: *se dará traslado de la oposición al requirente, quien podrá impugnarla por escrito en el plazo de cinco días. Las partes, en sus respectivos escritos de oposición y de impugnación de ésta, podrán solicitar la celebración de vista, siguiéndose los trámites previstos para los juicios verbales.* Tras la celebración de la vista, el Juzgado de Primera Instancia de Murcia decidirá si la oposición es o no justificada (artículo 260.2 LEC).

Cabe también la posibilidad de que la Comunidad no se oponga a la práctica de la diligencia en el plazo de cinco días indicado, pero que tampoco lleve a cabo la entrega de la documentación en los diez días estipulados. En tales casos, se considera que ha habido por su parte una negativa a la realización de la diligencia, entrando en juego la regla del artículo 261.2.ª LEC: *Si se hubiese solicitado la exhibición de títulos y documentos y el tribunal apreciare que existen indicios suficientes de que pueden hallarse en un lugar determinado, ordenará la entrada y registro de dicho lugar, procediéndose, si se encontraren, a ocupar los documentos y a ponerlos a disposición del solicitante, en la sede del tribunal.*

Preguntas test

1	c
2	a
3	b
4	a
5	d

PRÁCTICA 11

ÓMNIBUS I

Pregunta 1.- Se seguirán los cauces del juicio ordinario de conformidad con el artículo 249.2 LEC, en el ejercicio de una acción declarativa del dominio, que implicaría el derribo de la obra, junto con una acción condenatoria de indemnización por daños y perjuicios.

Pregunta 2.- Será competente el Juzgado de Primera Instancia (competencia objetiva y funcional) de Lerma (competencia territorial). Ello de acuerdo con los artículos 85 LOPJ y 45 LEC (competencia objetiva); artículo 61 LEC (competencia funcional); y artículo 52.1. 1.º LEC, que establece la competencia del lugar donde se encuentre la cosa litigiosa.

Pregunta 3.- Lucía, en cuanto que demandada, podrá presentar escrito de declinatoria (artículo 59 LEC), en el plazo de los diez primeros días de los veinte conferidos para contestar a la demanda (artículo 64 LEC). Contra el auto que resuelva la falta de competencia territorial, no cabrá la interposición de recurso alguno.

También cabe la apreciación de oficio por el LAJ, dado que en este caso la competencia territorial viene fijada por reglas imperativas (artículo 67.1 LEC). Resolverá el juez mediante auto.

Pregunta 4.- Ambas acciones deben tramitarse por el procedimiento ordinario en base al artículo 249.2 LEC. Vid. artículos 71.2 y 73.1 LEC.

Pregunta 5.- No nos encontramos ante ninguno de los supuestos para los cuales los artículos 23.2 y 31.2 LEC prevén el carácter facultativo, respectivamente, de la representación por procurador y de la asistencia letrada. Por lo tanto, la postulación es preceptiva.

Pregunta 6.- A efectos de preparar la demanda, Manuel podría tener interés en conocer la contratación por parte de Lucía de un seguro de responsabilidad civil. En tal caso, podrá acudirse al artículo 256.1.5.º LEC: *Todo juicio podrá prepararse Por petición del que se considere perjudicado por un hecho que pudiera estar cubierto por seguro de responsabilidad civil, de que se exhiba el contrato de seguro por quien lo tenga en su poder.*

PRÁCTICA 12

ÓMNIBUS II

Pregunta 1.- Se ejercita la acción amparada en el art. 1101 y siguientes en relación con el art. 1544 del Código Civil por incumplimiento del contrato de arrendamiento de obra.

Se podrá presentar una demanda por incumplimiento de contrato y reclamación de cantidad. Igualmente se podrá incluir una solitud de indemnización por daños y perjuicios. Se tramitará por el procedimiento del juicio ordinario en atención al artículo 249.2 LEC, pues el importe reclamado excede de los 15.000 euros a partir de los que se deben seguir las reclamaciones por las normas del juicio ordinario.

Pregunta 2.- Será competente el Juzgado de Primera Instancia (competencia objetiva y funcional) de Zaragoza (competencia territorial). Ello de acuerdo con los artículos 85 LOPJ y 45 LEC (competencia objetiva); artículo 61 LEC (competencia funcional); y artículo 52.1. 1.º LEC, que establece la competencia del lugar donde se encuentre la cosa litigiosa.

Pregunta 3.- Le corresponde a Roberto la legitimación activa en su condición de arrendador de las obras, en tanto que la legitimación pasiva corresponde a la constructora XWY (artículo 10 LEC).

La demanda no podrá interponerse contra Samuel, pues el contrato se firmó con la empresa XWY y no con él. La empresa tiene tanto capacidad para ser parte como capacidad procesal, en atención a los artículos 6 y 7 LEC.

La participación de Samuel en el proceso se limitará a comparecer en nombre de la empresa, en atención al artículo 7.4 LEC.

Pregunta 4.- Si la demanda se dirige conjuntamente contra la empresa XWY y contra Samuel, se podrá aducir respecto de este último falta de legitimación pasiva en el escrito de contestación a la demanda, alegando que no existe contrato de arrendamiento de servicios entre Samuel y el actor.

Pregunta 5.- En caso de fallecimiento de Roberto, sus herederos serán notificados de la pendencia del proceso y llamados a comparecer.

Si los sucesores no se personasen, se dictará por el Letrado de la Administración de Justicia decreto en el que, teniendo por desistido al demandante, se ordene el archivo de las actuaciones, salvo que la empresa demandada se opusiere. Si la no personación de los sucesores se debiese a que no quisieran comparecer, se entenderá que la parte demandante renuncia a la acción ejercitada (artículo 16.3 LEC).

Pregunta 6.- Si la empresa XWY se fusiona con la entidad ABC, ésta pasará a ocupar en el proceso la posición de parte demandada, tratándose igualmente de un supuesto de sucesión procesal.

Hay que estarse al el Real Decreto-ley 5/2023, de 28 de junio, por el que se adoptan y prorrogan determinadas medidas de respuesta a las consecuencias económicas y sociales de la Guerra de Ucrania, de apoyo a la reconstrucción de la isla de La Palma y a otras situaciones de vulnerabilidad; de transposición de Directivas de la Unión Europea en materia de modificaciones estructurales de sociedades mercantiles y conciliación de la vida familiar y la vida profesional de los progenitores y los cuidadores; y de ejecución y cumplimiento del Derecho de la Unión Europea. Su artículo 17 señala que *«En virtud de la transformación una sociedad adopta un tipo social distinto, conservando su personalidad jurídica».* Por lo tanto, ante un supuesto de fusión de empresas, la entidad resultante conservará los derechos y obligaciones de las sociedades fusionadas.

PRÁCTICA 13

MÉTODOS ALTERNATIVOS DE SOLUCIÓN DE CONFLICTOS

Pregunta 1.- El acto de mediación es voluntario para las partes, no pudiendo ser ninguna de ellas compelida para llevarlo a término. Cuestión distinta sería que, en el contrato de arrendamiento de servicio, las partes hubiesen indicado que los eventuales conflictos se resolverían por medio de mediación. En tal caso, ante la presentación de una demanda por la inmobiliaria, el demandado podrá presentar escrito de declinatoria por sumisión a mediación.

Es aplicable a estos efectos el artículo 6.1 Ley 5/2012, de 6 de julio, de mediación en asuntos civiles y mercantiles: *La mediación es voluntaria*; y el apartado 2 del mismo precepto: *Cuando exista un pacto por escrito que exprese el compromiso de someter a mediación las controversias surgidas o que puedan surgir, se deberá intentar el procedimiento pactado de buena fe, antes de acudir a la jurisdicción o a otra solución extrajudicial. Dicha cláusula surtirá estos efectos incluso cuando la controversia verse sobre la validez o existencia del contrato en el que conste.*

Pregunta 2.- De conformidad con el artículo 11 Ley 5/2012, de 6 de julio, de mediación en asuntos civiles y mercantiles: *Pueden ser mediadores las personas naturales que se hallen en pleno ejercicio de sus derechos civiles, siempre que no se lo impida la legislación a la que puedan estar sometidos en el ejercicio de su profesión.* Unas y otras deben estar en posesión de Título oficial universitario o de formación profesional superior, y contar con la formación específica para ejercer la mediación. Además, deben haber contratado un seguro obligatorio que garantice la responsabilidad civil en que puedan incurrir por los daños y perjuicios que cause su actuación.

Pregunta 3.- La mediación es un método autocompositivo de solución de conflictos, en el que el mediador actúa como tercero *inter partes* y no como tercero *supra partes*. Así, su actuación se limitará a procurar un acercamiento de posturas, pero sin poder imponer una solución al conflicto (artículo 13.2 Ley 5/2012, de 6 de julio, de mediación en asuntos civiles y mercantiles).

Pregunta 4.- El acuerdo entre las partes quedará recogido en acta firmada por el mediador. La misma es vinculante para las partes, si bien sobre ella sólo podrá ejercitarse acción de nulidad por las causas que invalidan los contratos (artículo 23.4 Ley 5/2012, de 6 de julio, de mediación en asuntos civiles y mercantiles). No tiene, por lo tanto, fuerza ejecutiva.

Ahora bien, el acuerdo puede ser elevado a escritura pública ante notario, convirtiéndose así en ejecutivo (artículo 517.2.2.° LEC), a interponer ante el Juez de 1.ª Instancia de lugar en que se firmó el acuerdo de mediación (artículo 545.2 LEC).

En el supuesto de que la mediación se hubiese desarrollado una vez iniciado el proceso judicial, el acuerdo podría ser objeto de homologación por el tribunal que conocía del proceso judicial pendiente. En tal caso, nos encontraríamos también ante un título ejecutivo (art. 517.2.3.° LEC) a interponer ante el Juez de 1.ª Instancia que lo homologó.

Pregunta 5.- El arbitraje es un método heterocompositivo de solución de conflictos, en el que el árbitro actúa como tercero *supra partes*. Así, su actuación no se limitará a procurar un acercamiento de posturas, sino que podrá imponer una solución al conflicto por medio de laudo arbitral (artículos 34 y ss. Ley 60/2003, de 23 de diciembre, de Arbitraje). Este laudo tendrá fuerza ejecutiva (artículo 517.2.2.° LEC), a interponer ante el Juez de 1.ª Instancia del lugar en que se celebró el arbitraje (artículo 545.2 LEC).

Preguntas test

1	b
2	b
3	a
4	d
5	b

PRÁCTICA 14

DEMANDA

**AL JUZGADO DE PRIMERA INSTANCIA
DE BURGOS QUE POR TURNO CORRESPONDA**

XXXXXXX, Procurador de los Tribunales, en nombre y representación de Doña CARMEN FERNÁNDEZ VELASCO, con DNI XXXXX y domicilio en Calle Vitoria, 160, X, Burgos, como debidamente acredito mediante poder Apud Acta que adjunto, y actuando bajo la dirección letrada de Doña XXXXXXX, colegiada número XXX del Ilustre Colegio de Abogados de Burgos, con domicilio profesional sito en XXXXX, ante el Juzgado comparezco y, como mejor proceda en derecho, DIGO:

Que mediante el presente escrito interpongo demanda de JUICIO ORDINARIO de responsabilidad contractual y reclamación de indemnización por defectos en la construcción de una vivienda por valor de 16.412,37 euros contra:

- La entidad promotora XXXXXXX S.L., con NIF XXXXXX y domicilio en Polígono de Villalonquéjar, 4, Burgos.

- El arquitecto Don Juan García Pérez, con DNI XXXXX y domicilio en Calle Vitoria X.

- El aparejador Don José Ignacio Torres Bustillo, con DNI XXXXX y domicilio en Avda. del Arlanzón X.

Y todo ello en base los siguientes:

HECHOS

PRIMERO.- Que la actora Doña Carmen Fernández adquirió de la promotora demandada una vivienda sita en la C/ San Marcos X de Burgos, mediante escritura pública otorgada ante el Ilmo Sr. Notario de Burgos, Sr. Varona con número de protocolo 874, de fecha 7 de septiembre de 2016. Se adjunta dicho contrato de compraventa como *Documento número 1.*

SEGUNDO.- Que la vivienda citada tiene una superficie útil de 60,53 m2 y se encuentra inscrita en el Registro de la Propiedad n.º 1 de Burgos, anotación que se adjunta como *Documento número 2.*

TERCERO.- Que a los pocos de meses de entrar a vivir, Doña Carmen constata la existencia de defectos en la vivienda. Al objeto de su valoración contrata los servicios de la Arquitecto Doña Cristina García, de cuyo informe pericial se desprenden una serie de defectos consistentes básicamente en desniveles entre los distintos espacios de la vivienda y una fisura. La reparación de los mismos se valora por dicha perito en la cantidad de 16.412,37 euros. Se adjunta informe pericial de Doña Cristina como *Documento número 3*, en el que se relaciona detalladamente cada uno de los vicios de construcción y al que a tal efecto me refiero.

CUARTO.- Que por la actora se remite con fecha 10 de mayo de 2017, burofax a la promotora del inmueble por ser quién le vendió la vivienda, al objeto de pedir indemnización por los defectos. Se adjunta burofax como *Documento número 4.*

QUINTO.- Que, teniendo en cuenta que la promotora no ha procedido a reparar los defectos, ni contestado el burofax, Doña Carmen se ve obligada a interponer la presente demanda judicial frente a ésta, el arquitecto y el aparejador.

FUNDAMENTOS DE DERECHO

I.- CAPACIDAD Y REPRESENTACIÓN.- Las partes están capacitadas para entablar la presente relación jurídico-procesal, conforme a los artículos 6 y siguientes de la LEC.

La representación de la actora y la postulación a la presente demanda es la procedente conforme al artículo 23 y siguientes de la LEC.

II.- COMPETENCIA.- Resulta competente para conocer del presente procedimiento, por aplicación de los artículos 45 y 52.1.1.º LEC, los Juzgados de Primera Instancia de Burgos.

III.- LEGITIMACIÓN.- La legitimación activa corresponde a la actora como acreedora de la suma ahora reclamada, y los demandados están legitimados pasivamente como deudores de la misma.

IV.- PROCEDIMIENTO.- El presente procedimiento ha de seguir los cauces del Juicio ordinario, por superar la cuantía del mismo los 15.000 euros, de conformidad con el art. 250.2 LEC.

V.- CUANTÍA DEL PROCEDIMIENTO.- La cuantía del presente procedimiento se cifra en 16.412,37 euros.

VI.- FONDO DEL ASUNTO.- En cuanto al ejercicio de la acción de responsabilidad contractual, se sostiene por esta parte la existencia de un incumplimiento contractual del vendedor, entre cuyas obligaciones cuenta con la de entregar una vivienda sin defectos en la construcción y en perfectas condiciones de habitabilidad y en las condiciones pactadas en el contrato de compraventa. Así se desprende del Real Decreto de 24 de julio de 1889 por el que se publica el Código Civil, resultando de aplicación los preceptos:

- Art. 1091 CC: «Las obligaciones que nacen de los contratos tienen fuerza de ley entre las partes contratantes, y deben cumplirse a tenor de los mismos».

- Art. 1101 CC: «Quedan sujetos a la indemnización de los daños y perjuicios causados los que en el cumplimiento de sus obligaciones incurrieren en dolo, negligencia o morosidad, y los que de cualquier modo contravinieren al tenor de aquéllas».

- Art. 1258 CC: «Los contratos se perfeccionan por el mero consentimiento, y desde entonces obligan, no sólo al cumplimiento de lo expresamente pactado, sino también a todas las consecuencias que, según su naturaleza, sean conformes a la buena fe, al uso y a la ley».

Así se recoge en jurisprudencia como la Sentencia del Tribunal Supremo núm. 1142/1990, de 4 de noviembre, de la que se desprende que corresponde a la promotora demandada la responsabilidad «que por el incumplimiento de sus obligaciones como vendedora le correspondan, entre las que destaca por su fundamental importancia la de que la cosa objeto de la convención reúna las condiciones que la hacen apta para ser habitada, lo que no sucede cuando existen vicios en la construcción determinantes de su ruina, dando lugar cuando ésta se manifiesta a la correspondiente acción indemnizatoria.» En el mismo sentido, la STS, Sala de lo Civil, núm. 403/2016, de 15 de junio, establece que «El promotor si es vendedor queda obligado, como tal, en virtud del contrato, a entregar la cosa en condiciones de servir para el uso que se la destina, conforme al mismo. Por tanto se puede articular la responsabilidad del promotor tanto desde el cauce contractual de la relación de compraventa efectuada, como de la responsabilidad en lege que sitúa al promotor como responsable último y solidario de los defectos constructivos».

Por otro lado, se ejercita en la presente demanda acción de reclamación por defectos constructivos en base al art. 17 de la Ley 38/1999, de 5 de noviembre, de Ordenación de la Edificación:

«1. Sin perjuicio de sus responsabilidades contractuales, las personas físicas o jurídicas que intervienen en el proceso de la edificación responderán frente a los propietarios y los terceros adquirentes de los edificios o parte de los mismos, en el caso de que sean objeto de división, de los siguientes daños materiales ocasionados en el edificio dentro de los plazos indicados, contados desde la fecha de recepción de la obra, sin reservas o desde la subsanación de éstas:

a) Durante diez años, de los daños materiales causados en el edificio por vicios o defectos que afecten a la cimentación, los soportes, las vigas, los forjados, los muros de carga u otros elementos estructurales, y que comprometan directamente la resistencia mecánica y la estabilidad del edificio.

b) Durante tres años, de los daños materiales causados en el edificio por vicios o defectos de los elementos constructivos o de las instalaciones que ocasionen el incumplimiento de los requisitos de habitabilidad del apartado 1, letra c), del artículo 3».

Esta parte pretende con la acción ejercitada la declaración, por un lado, de la existencia de los vicios de construcción recogidos en el informe pericial aportado, y su imputabilidad a la sociedad demandada, en su calidad de Promotora-Vendedora, responsabilidad que solidariamente alcanza a los técnicos intervinientes, Arquitecto y Aparejador demandados, por cuanto los vicios aparecidos se deben también a la deficiente y negligente labor directora del Arquitecto, así como a la falta de vigilancia de la buena construcción y de los materiales empleados por parte del Aparejador, obligaciones éstas que se desprenden de los arts. 12 y 13 LOE. El hecho de que se procediera a la emisión de licencia de fin de obra demuestra que ambos profesionales se desentendieron de que el acabado de la misma fuera el deseable, habida cuenta de que gran parte de los daños referidos son evidentes a simple vista y por tanto hubieran podido conocer de los mismos para su reparación efectiva y no con remedios inservibles como se pone de manifiesto en el informe pericial.

En cuanto a la exigencia de responsabilidad solidaria a los tres demandados, ha de tomarse en consideración el apartado 3 del art. 17 LOE: «cuando no pudiera individualizarse la causa de los daños materiales o quedase debidamente probada la concurrencia de culpas sin que pudiera precisarse el grado de intervención de cada agente en el daño producido, la responsabilidad se exigirá solidariamente».

Así queda señalado, entre otras, en la Sentencia de la Audiencia Provincial de Granada, núm. 159/1990, de 17 de febrero de 1992, en la que se señala que:

«Lo que sí conviene poner de manifiesto, es la imposibilidad de precisar, en qué proporción y manera, cada uno de estos defectos constructivos y de proyección influyeron en la producción del daño, ello es algo que queda en incógnita, que no es posible precisar; con lo cual la tesis de la solidaridad cobra aún más fuerza; así pues la imposibilidad de discernir con precisión cuál o cuáles conductas influyeron de manera única y notoria, con entidad absorbente, en la realidad dañosa, hace surgir (incidimos en repetición) ante la aparente igualdad, la verdad solidaria a que venimos sosteniendo, y que consagra la jurisprudencia del Tribunal Supremo para estos supuestos, así, entre otras, en SS. 18-11-1975 (RJ 1975\4141), 12-6-1987 (RJ 1987\4296), 9 marzo y 8 junio 1988 (RJ 1988\1609 y RJ 1988\4827) y 19-11-1990 (RJ 1990\8983), responsabilidad solidaria que alcanza al señor Arquitecto-Director de la obra, que ha acatado la sentencia, a la empresa Promotora-Vendedora, «Verificadora de la Edificación, SA», que en situación legal de rebeldía, tampoco se ha opuesto a la mentada resolución judicial, y a los señores Arquitectos Técnicos, don Juan A. C. y don Rafael del R. H.; estos dos últimos señores, achacan toda la responsabilidad del siniestro al Arquitecto Superior y a las empresas constructoras, pero parecen olvidar, la responsabilidad que incumbe a los Arquitectos-Técnicos (que en el caso litis es patente), a tenor de lo establecido en el artículo Segundo del Decreto de 16-7-1935 (RCL 1935\1281 y NDL 1391), ratificado luego por el 19-2-1971 (RCL 1971\338 y NDL 1778) (arts. 1.º A, 1.2 y 4); pues su misión es la de: "ordenar y dirigir la ejecución material de las obras e instalaciones, cuidando su control, y organizando los trabajos de acuerdo con el proyecto que los define, y con las normas y reglas de la buena construcción (aquí, desde luego, no observada lo dice la prueba), y con las instrucciones del Arquitecto Superior; así como inspeccionar los materiales a emplear, dosificaciones y mezclas, exigiendo comprobaciones, análisis necesarios y documentos de idoneidad precisos para su aceptación, ordenando también la elaboración y puesta en obra de cada una de las unidades, comprobando las dimensiones y correcta disposición de los elementos constructivos»; con relación a tal misión, que hay hemos dicho fue incumplida pues la mala construcción por todo lo expuesto se evidencia, citamos las SSTS 27-10-1987 (RJ 1987\7476) y 4-3-1988 (RJ 1988\1552), entre otras, este incumplimiento de funciones por parte de los Arquitectos técnicos, lleva consigo su correlativa responsabilidad por los vicios o defectos que en líneas superiores ya hemos descrito, que se une con vínculo de solidaridad a la del Arquitecto Superior, don Angel A. D., ante su defectuosa proyección y dirección (el otro Arquitecto Superior don Gonzalo M. H. de M., no intervino, para nada y en ningún concepto, en las obras objeto de estudio), y a la de la entidad Promotora, 'Verificadora de la Edificación, SA' "».

VII.- COSTAS.- Por aplicación del art. 394 de la Ley de Enjuiciamiento Civil, en caso de ser condenados corresponderá a los demandados la imposición de las costas del presente procedimiento.

En virtud de todo lo anterior,

SUPLICO AL JUZGADO, que habiendo por presentado el presente escrito junto con los documentos que al mismo acompañan, se sirva a bien admitirlo y, en consecuencia, tenga por presentada demanda de juicio ordinario de reclamación por incumplimiento contractual y de indemnización por defectos en la construcción contra la entidad XXXXX., Don Juan García Pérez y Don José Ignacio Torres Bustillo, dictando en su día sentencia por la que se condene solidariamente a los mismos al pago a la actora de la cantidad de 16.412,37 euros, más los intereses legales que correspondan a dicha suma y las costas que cause el presente procedimiento.

Por ser de justicia que pido en Burgos, a 8 de noviembre de 2023.

OTROSÍ DIGO, que interesa a esta parte valerse en la vista de los siguientes medios de prueba:

- Pericial judicial para la determinación de los daños existentes en la vivienda a que se refiere el proceso.

- Testifical, para que se proceda a citar judicialmente a efectos de su interrogatorio en la vista a:

- El representante legal de la entidad promotora XXXXX., con NIF XXXXX y domicilio en Polígono de Villalonquéjar, 4, Burgos.

- El arquitecto Don Juan García Pérez, con DNI XXXXX y domicilio en Calle Vitoria X.

- El aparejador Don José Ignacio Torres Bustillo, con DNI XXXX y domicilio en Avda. del Arlanzón X.

Por ser de justicia que pido en Burgos en lugar y fecha *ut supra.*

Firma del procurador   Firma del abogado

Preguntas test

1	b
2	b
3	c
4	c
5	d

PRÁCTICA 15

CONTESTACIÓN A LA DEMANDA Y ACTITUDES DEL DEMANDADO

AL JUZGADO DE PRIMERA INSTANCIA NÚMERO 1 DE BURGOS

XXXXXX, Procurador de los Tribunales, en nombre y representación de Don JUAN GARCÍA PÉREZ, con DNI XXXXXX y domicilio en Calle Vitoria X, como debidamente acredito mediante poder Apud Acta que adjunto, y actuando bajo la dirección letrada de Doña XXXXXXX, colegiada número XXXX del Ilustre Colegio de Abogados de Burgos, con domicilio profesional sito en calle Santander X de Burgos, ante el Juzgado comparezco y, como mejor proceda en Derecho, DIGO:

Que mediante el presente escrito formulo CONTESTACIÓN A LA DEMANDA en el procedimiento de JUICIO ORDINARIO N.º 34/2018, seguido contra mi mandante por Doña CARMEN FERNÁNDEZ VELASCO, dentro del término concedido para personarse en tales autos, con base a los siguientes:

HECHOS

PREVIO.- Se niegan y rechazan todos los de la demanda en cuanto no sean reconocidos en el presente escrito.

PRIMERO.- Conforme con el correlativo.

SEGUNDO.- Conforme con el correlativo.

TERCERO.- Disconforme con el correlativo. Los defectos aducidos en el informe pericial aportado por la parte demandante no tienen la entidad que se describe en el mismo. Esta parte ha encargado la valoración de los supuestos desperfectos existentes en la vivienda al perito Don Gonzalo Gómez López, arquitecto técnico colegiado con número XXXX en el Colegio Oficial de Arquitectos de Castilla y León, con NIF XXXXX y domicilio en Calle Santander X. Se acompaña el informe pericial elaborado como Documento número 1.

Del mismo se desprende que, respecto a los desniveles señalados en el informe pericial de la parte contraria, las juntas colocadas en el pavimento han sido suficientes para la solución del problema. Tan sólo en dos de ellas pudiera hablarse de la existencia de un desnivel, cuya entidad, inferior a 4 mm, no constituye riesgo alguno de caída o provocación de otro accidente. No puede hablarse por tanto de la existencia de defectos constructivos. En cualquier caso, si pretendiera atenuarse tales resaltos mediante la colocación de tapajuntas, el coste de la reparación sería de 39,27 euros.

En cuanto a las diferencias de color en los pavimentos, se trata de un defecto menor que no puede ser considerado como vicio en la construcción. Se cuantifica su arreglo en 261,80 euros.

Por último, la fisura en la pared, su aparición obedece a la dilatación normal de los materiales, por lo que tampoco tiene la entidad de defecto en la construcción. No se precisa de una reparación inmediata pero, de hacerlo, el coste se cifra en 94,90 euros.

El coste total de las reparaciones ascendería, por tanto, a TRESCIENTOS NOVENTA Y CINCO EUROS CON NOVENTA Y SIETE CÉNTIMOS (395,97 euros).

CUARTO.- Disconforme con el correlativo. La parte actora dirigió burofax de reclamación por los desperfectos existentes en la vivienda objeto del procedimiento a la entidad promotora XXXXXX., no haciéndolo así contra mi mandante. De este modo, se le ha privado a éste de la posibilidad de presentar sus argumentos en fase pre-judicial.

QUINTO.- A efectos probatorios, nos remitimos a los archivos del Ayuntamiento de Burgos, Registro de la Propiedad, Colegio Oficial de Arquitectos, Colegio Oficial de Arquitectos Técnicos o cualquier otro centro o dependencia que pueda tener relación con los hechos de la demanda y de ésta contestación.

FUNDAMENTOS DE DERECHO

I.- CAPACIDAD Y REPRESENTACIÓN.- Conforme con el correlativo.

II.- COMPETENCIA.- Conforme con el correlativo.

III.- LEGITIMACIÓN.- Conforme con el correlativo.

IV.- PROCEDIMIENTO.- Por no superar la cuantía del procedimiento los 15.000 euros, deberá tramitarse por los cauces del juicio verbal (art. 249.2 LEC).

V.- CUANTÍA DEL PROCEDIMIENTO.- Disconforme con el correlativo. La cuantía del presente procedimiento se cifra en TRESCIENTOS NOVENTA Y CINCO EUROS CON NOVENTA Y SIETE CÉNTIMOS (395,97 euros).

VI.- FONDO DEL ASUNTO.- Disconforme con el correlativo. Tal y como ha quedado acreditado en el informe pericial aportado por esta parte y se ha señalado en la fundamentación fáctica del presente escrito, los desniveles existentes no tienen la entidad suficiente como para ser considerados defectos constructivos. En cualquier caso, su aparición no obedece a una deficiente proyección de la obra, sino a un defecto de ejecución, recayendo la responsabilidad por ello sobre el aparejador.

En cuanto a la diferencia de color en los pavimentos, la responsabilidad recae igualmente sobre el aparejador, por deberse no a una deficiente descripción de los materiales a utilizar en el proyecto elaborado por el arquitecto, sino a una incorrecta utilización de los mismos. La responsabilidad recae por tanto, nuevamente, sobre el aparejador.

En fin, la fisura en la pared no se debe a deformaciones estructurales del edificio, sino a la normal dilatación de los materiales, por lo que no existe responsabilidad alguna del arquitecto.

En atención a todo lo anterior, no resulta de aplicación el art. art. 17.3 de la Ley 38/1999, de 5 de noviembre, de Ordenación de la Edificación, alegado por la parte demandante para extender la responsabilidad por los desperfectos a mi representado. En efecto, tal precepto requiere la imposibilidad de individualizar la responsabilidad en la causación de los desperfectos, cosa que no ocurre en el presente procedimiento, en cuanto que los mismos se deben a una incorrecta utilización de materiales en la fase de ejecución de la obra, cuya responsabilidad de comprobación recae sobre el aparejador, como se desprende del art. 13.2.c) LOE. Conforme a éste, es responsabilidad del director de la ejecución de la obra «dirigir la ejecución material de la obra comprobando los replanteos, los materiales, la correcta ejecución y disposición de los elementos constructivos y de las instalaciones, de acuerdo con el proyecto y con las instrucciones del director de obra».

Así lo ha señalado el Tribunal Supremo en su Sentencia núm. 756/2014, de 7 de enero, de la Sala de lo Civil, en la que determina que: «Esta Sala entiende que el arquitecto superior no puede ser responsable de la vigilancia y control en la ejecución material de las obras que es propio del aparejador, en sus labores también de inspección y vigilancia directa e inmediata de la obra».

Por contra, Don Juan no ha incumplido las obligaciones que la LOE atribuye a los arquitectos, recogidas en el art. 12 de la misma.

Por otro lado, también puede deducirse la responsabilidad del constructor, Grupo Santos, en aplicación del art. 17.1.c) LOE, conforme al cual, «el constructor también responderá de los daños materiales por vicios o defectos de ejecución que afecten a elementos de terminación o acabado de las obras dentro del plazo de un año».

En la misma línea que todo lo anterior se ha pronunciado la Audiencia Provincial de Burgos, en su Sentencia núm. 234/2005, de 5 de mayo, Sección 2.º, en la que se establece que : ello no supone que la responsabilidad recaiga sólo en quien hace mal la obra, es decir, en el constructor, que es el primer obligado a hacer bien las obras, sino que, por la propia extensión de los defectos, que por su distribución por las distintas casas hace pensar en una auténtica «epidemia» de lo mal hecho, lo que pone de relieve, como se hace eco la Letrada de la parte apelada y reconveniente de lo dicho con anterioridad por esta Sala, es que los arquitectos técnicos no han cumplido con su labor de vigilancia. Labor que le es impuesta por los decretos de 16 de julio de 1935 y 19 de febrero de 1971 y reiteradamente exigida por la jurisprudencia -SSTS 27 enero y 4 marzo 1988, 3 julio 2000, 10 julio 2001-, pues «El arquitecto técnico asume función de colaborador especializado de la construcción y las actividades de inspeccionar, controlar y ordenar la correcta ejecución de la obra le vienen impuestas por ley, siendo el profesional que debe de mantener más contactos directos, asiduos e inmediatos con el proceso constructivo, conservando la necesaria autonomía profesional operativa; por lo que habiéndose establecido como hecho probado, defectuosa vigilancia y control y empleo de los materiales correctos, su responsabilidad concurrente se impone y así lo declara la jurisprudencia (Sentencias de 15-10-1991, 11-7-1992, 12-11-1992, 5-2-1993 y 2-12-1994), alcanzándole cuando se produce no sólo mala ejecución de la obra, sino además una defectuosa dirección de la misma (…).

Razones todas que avalan la responsabilidad de los defectos recogidos en la demanda y referidos a los elementos comunes que se dejan dichos y referidos a los arquitectos técnicos apelantes, pues su reiteración, o su evidencia, como en el caso de dejar colocar un sumidero a menor altura de la debida, no pueden sino denotar una clara falta de vigilancia que les hace responsables de los defectos aquí estudiados. No cabe, por el contrario, estimar responsabilidad del arquitecto director, en tanto los defectos derivan de una realización material de las obras, cuya vigilancia inmediata no le corresponde, sino que incumbe a los profesionales antes citados».

V.- COSTAS.- Al amparo de lo previsto en el art. 394 de la LEC las costas deben ser impuestas al demandante

Por todo ello,

SUPLICO AL JUZGADO, que teniendo por contestada la demanda en tiempo y forma, con los documentos que se acompañan y copias de todo ello, se sirva admitirlo, me tenga por comparecido y una vez cumplidos los demás trámites procesales se dicte sentencia rechazando las peticiones de la actora respecto de mi representado Don Juan García Pérez, con expresa imposición de costas.

OTROSÍ DIGO, que interesa a esta parte valerse en la vista de los siguientes medios de prueba:

– Testifical, para que se proceda a citar judicialmente a efectos de su interrogatorio en la vista al aparejador Don José Ignacio Torres Bustillo, con DNI XXXXX y domicilio en Avda. del Arlanzón X.

Por ser de Justicia que pido en Burgos, a 19 de diciembre de 2023.

Firma del procurador   Firma del abogado

Preguntas test

1	a
2	d
3	b
4	d
5	a

PRÁCTICA 16

AUDIENCIA PREVIA

Pregunta 1.- Las partes podrán llegar a un acuerdo en el momento anterior al inicio de la Audiencia Previa o bien señalar al órgano judicial su voluntad de intentarlo. Se indica así en el artículo 415.1 LEC: *Si manifestasen haber llegado a un acuerdo o se mostrasen dispuestas a concluirlo de inmediato, podrán desistir del proceso o solicitar del tribunal que homologue lo acordado.*

En caso de llegar a acuerdo en el mismo momento, se procederá a la homologación del mismo por el órgano judicial. De solicitar la suspensión para comenzar un proceso de mediación o de arbitraje, regirá el artículo 19.4 LEC: *las partes podrán solicitar la suspensión del proceso, que será acordada por el Letrado de la Administración de Justicia mediante decreto siempre que no perjudique al interés general o a tercero y que el plazo de la suspensión no supere los sesenta días.*

Pregunta 2.- De conformidad con el artículo 416 LEC, en la Audiencia Previa se resolverá sobre cualesquiera circunstancias que puedan impedir la válida prosecución y término del proceso mediante sentencia sobre el fondo y, en especial, sobre las siguientes (artículo 416.1 LEC):

- Falta de capacidad de los litigantes o de representación en sus diversas clases;

- Cosa juzgada o litispendencia;

- Falta del debido litisconsorcio;

- Inadecuación del procedimiento;

- Defecto legal en el modo de proponer la demanda o, en su caso, la reconvención.

Pregunta 3.- Es aplicable el artículo 416.2 LEC: *En la audiencia, el demandado no podrá impugnar la falta de jurisdicción o de competencia del tribunal, que hubo de proponer en forma de declinatoria según lo dispuesto en los artículos 63 y siguientes de esta Ley.*

Pregunta 4.- Tras la resolución de las cuestiones procesales, la realización de alegaciones complementarias y aportación de documentos y dictámenes, en relación con lo expuesto en demanda y contestación (artículos 426 y 427 LEC) y la fijación del objeto del litigio (artículo 428 LEC), tendrá lugar la proposición de medios de prueba y su admisión o no por el órgano judicial (artículo 429 LEC).

Preguntas test

1	a
2	c
3	c
4	c
5	b

PRÁCTICA 17

JUICIO

Pregunta 1.- A partir del 20 de marzo de 2024, no sólo es posible, sino que resulta preceptivo cuando así lo determine el órgano judicial. Resulta aplicable el artículo 432.1 LEC: *Las partes y sus representantes procesales deberán comparecer por videoconferencia o mediante la utilización de medios electrónicos para la reproducción del sonido y, en su caso, de la imagen, cuando el tribunal lo acordase de oficio o a instancia de alguna de ellas, y se cumplan los requisitos establecidos en el artículo 137 bis.* Ello, tras la modificación de la LEC por el Real Decreto-ley 6/2023, de 19 de diciembre.

Pregunta 2.- Es de aplicación el artículo 430 LEC: *Si cualquiera de los que hubieren de acudir al acto del juicio no pudiere asistir a éste por causa de fuerza mayor u otro motivo de análoga entidad podrá solicitar nuevo señalamiento de juicio.*

En el mismo sentido, el artículo 183 LEC indica que: *Cuando sea el abogado o abogada de una de las partes quien considerare imposible acudir a la vista o acto procesal de que se trate, si se considerase atendible y acreditada la situación que se alegue, el letrado o letrada de la Administración de Justicia hará nuevo señalamiento.*

Pregunta 3.- Es aplicable el artículo 432.2 LEC en su primer inciso: *Si no compareciere en el juicio ninguna de las partes, se levantará acta haciéndolo constar y el tribunal, sin más trámites, declarará el pleito visto para sentencia.*

Pregunta 4.- La práctica de la prueba tendrá lugar al comienzo del juicio. Es aplicable el artículo 433.1 LEC: *El juicio comenzará practicándose, conforme a lo dispuesto en los artículos 299 y siguientes, las pruebas admitidas, pero si se hubiera suscitado o se suscitare la vulneración de derechos fundamentales en la obtención u origen de alguna prueba, se resolverá primero sobre esta cuestión.*

Preguntas test

1	a
2	b
3	b
4	d
5	c

PRÁCTICA 18

PROPOSICIÓN Y PRÁCTICA DE LA PRUEBA

Pregunta 1.- Podrá solicitarse la práctica anticipada de la prueba en que consiste el interrogatorio a Felisa. Ello en aplicación del artículo 293.1 LEC: *Previamente a la iniciación de cualquier proceso, el que pretenda incoarlo, o cualquiera de las partes durante el curso del mismo, podrá solicitar del tribunal la práctica anticipada de algún acto de prueba, cuando exista el temor fundado de que, por causa de las personas o por el estado de las cosas, dichos actos no puedan realizarse en el momento procesal generalmente previsto.* La petición se dirigirá al tribunal que se considere competente para el asunto principal.

Pregunta 2.- Practicado el interrogatorio de Felisa de forma anticipada, la demanda habrá de interponerse en el plazo de dos meses. De lo contrario, lo practicado perderá valor probatorio. Ello en atención al artículo 295.3 LEC: *no se otorgará valor probatorio a lo actuado si la demanda no se interpusiere en el plazo de dos meses desde que la prueba anticipada se practicó, salvo que se acreditare que, por fuerza mayor u otra causa de análoga entidad, no pudo iniciarse el proceso dentro de dicho plazo.*

Pregunta 3.- Podrá tener lugar nuevamente el interrogatorio de Felisa si alguna de las partes lo solicita. Ello en aplicación del artículo 295.4 LEC: *La prueba practicada anticipadamente podrá realizarse de nuevo si, en el momento de proposición de la prueba, fuera posible llevarla a cabo y alguna de las partes así lo solicitara. En tal caso, el tribunal admitirá que se practique la prueba de que se trate y valorará según las reglas de la sana crítica tanto la realizada anticipadamente como la efectuada con posterioridad.*

Pregunta 4.- Podría proponerse y, en caso de ser admitida por el órgano judicial, practicarse la prueba consistente en el interrogatorio tanto a Felisa como a los demandantes *Federación de Asociaciones Obreras Sindicales YYY, D. Pepe y D.ª Julia* (artículo 299.1.º LEC). Por el sindicato, en cuanto que persona jurídica, comparecerá quien legalmente lo represente.

Igualmente, podría proponerse y practicarse la prueba consistente en informe pericial por el que se determine que las publicaciones de la red social supuestamente vulneradoras del derecho al honor, han sido publicadas en la cuenta de la demandada (artículo 299.4.º LEC).

Preguntas test

1	a
2	c
3	c
4	b
5	d

PRÁCTICA 19

SENTENCIA

Pregunta 1.- Es de aplicación el artículo 434.1 LEC, por el cual: *La senten-cia se dictará dentro de los veinte días siguientes a la terminación del juicio.*

Pregunta 2.- El plazo de 20 días desde la terminación del juicio podrá sus-penderse cuando el órgano judicial estime procedente la práctica de diligen-cias finales (artículo 434.2 LEC).

Ello, a instancia de parte de conformidad con el artículo 435.1 LEC: *Sólo a instancia de parte podrá el tribunal acordar, mediante auto, como diligencias finales, la práctica de actuaciones de prueba.* Las diligencias que se acuerden se llevarán a cabo dentro del plazo de veinte días y en la fecha que señale a tal efecto, de resultar necesario, el Letrado de la Administración de Justi-cia. Una vez practicadas, las partes podrán, dentro del quinto día, presentar escrito en que resuman y valoren el resultado (artículo 436.1 LEC).

El plazo para dictar sentencia volverá a computarse cuando transcurra el otorgado a las partes para presentar el escrito a que se refiere el apartado anterior (artículo 436.2 LEC).

Pregunta 3.- La imposición de las costas a los demandantes es conforme a derecho, en atención al artículo 394 LEC: *En los procesos declarativos, las costas de la primera instancia se impondrán a la parte que haya visto recha-zadas todas sus pretensiones, salvo que el tribunal aprecie, y así lo razone, que el caso presentaba serias dudas de hecho o de derecho.* La demanda se ha desestimado, por lo que se han estimado las pretensiones de la deman-dada.

Pregunta 4.- El órgano judicial no ha entrado a valorar cuestiones ni hechos ajenos a los expresados por las partes, siendo congruente su fallo con la petición de la demandada de desestimación de la demanda.

Preguntas test

1	c
2	b
3	a
4	c
5	d

PRÁCTICA 20

ÓMNIBUS III

Pregunta 1.- Este asunto se tramitará por el procedimiento del juicio ordinario en atención al artículo 249.2 LEC, pues el importe excede de los 6.000 euros a partir de los que se deben seguir las reclamaciones por las normas del juicio ordinario según la normativa anterior al Real Decreto-ley 6/2023, de 19 de diciembre, por el que se aprueban medidas urgentes para la ejecución del Plan de Recuperación, Transformación y Resiliencia en materia de servicio público de justicia, función pública, régimen local y mecenazgo. A partir del 20 de marzo, con la entrada en vigor de la modificación operada por dicho Real Decreto-ley 6/2023, el límite de distinción entre juicio ordinario y verbal por razón de la cuantía se fija en 15.000 euros.

Pregunta 2.- Es competente el Juzgado de Primera Instancia (competencia objetiva y funcional) de Madrid (competencia territorial). Ello de acuerdo con los artículos 85 LOPJ y 45 LEC (competencia objetiva); artículo 61 LEC (competencia funcional); y artículo 51 LEC, que establece el fuero general de las personas jurídicas. Conforme al mismo: *Salvo que la Ley disponga otra cosa, las personas jurídicas serán demandadas en el lugar de su domicilio. También podrán ser demandadas en el lugar donde la situación o relación jurídica a que se refiera el litigio haya nacido o deba surtir efectos, siempre que en dicho lugar tengan establecimiento abierto al público o representante autorizado para actuar en nombre de la entidad.*

Pregunta 3.- La acción de anulabilidad, la acción de resolución de contrato y la acción de indemnización de daños y perjuicios, son acumulables. Ello tiene la consideración de acumulación simple, solicitándose la estimación de todas ellas. Además, más concretamente, la acción para que se declare la resolución del contrato tiene respecto de la acción de indemnización de daños y perjuicios la consideración de acción principal; por su parte, esta última será respecto de aquélla una acción accesoria.

Pregunta 4.- Le corresponde a la mercantil MARKETING XXX S.L.U la legitimación activa en su condición de arrendador de un contrato de servicios de inversión y de un contrato de gestión de carteras, en tanto que la legitimación pasiva corresponde a la mercantil MATADOR YZ (artículo 10 LEC).

Pregunta 5.- Si la entidad demandada MATADOR YZ no comparece en el juicio, se procederá a la celebración del mismo, en atención al último inciso del artículo 432.2 LEC.

PRÁCTICA 21

ÓMNIBUS IV

Pregunta 1.- Este asunto se tramitará por el procedimiento del juicio ordinario del artículo 249.2 LEC, pues el importe excede de los 6.000 euros a partir de los que se deben seguir las reclamaciones por las normas del juicio ordinario según la normativa anterior al Real Decreto-ley 6/2023, de 19 de diciembre, por el que se aprueban medidas urgentes para la ejecución del Plan de Recuperación, Transformación y Resiliencia en materia de servicio público de justicia, función pública, régimen local y mecenazgo.

Pregunta 2.- Es competente el Juzgado de Primera Instancia (competencia objetiva y funcional) de Orihuela (competencia territorial). Ello de acuerdo con los artículos 85 LOPJ y 45 LEC (competencia objetiva); artículo 61 LEC (competencia funcional); y artículo 51 LEC, que establece el fuero general de las personas jurídicas.

Pregunta 3.- Dolores podría haber interpuesto la demanda únicamente contra una de las entidades mercantiles. Ahora bien, la demandada podría aducir falta de debido litisconsorcio (artículo 12.2 LEC) en su escrito de contestación a la demanda.

Pregunta 4.- Podrían haberse interpuesto demandas distintas contra cada una de las entidades mercantiles. Ello no empero, entrarán en juego las reglas de la acumulación de procesos ante un mismo tribunal comprendidas en los artículos 81 y ss. LEC: *Cuando los procesos se sigan ante el mismo tribunal, la acumulación se solicitará por escrito, en el que se señalarán con claridad los procesos cuya acumulación se pide y el estado procesal en que se encuentran, exponiéndose asimismo las razones que justifican la acumulación.*

Pregunta 5.- La declinatoria aduciendo la falta de competencia del órgano judicial, se presentará por la entidad demandada XXXXSA dentro de los diez primeros días del plazo de contestación a la demanda (artículos 63 y ss.). Resulta además aplicable el artículo 416.2 LEC: *En la audiencia, el deman-*

dado no podrá impugnar la falta de jurisdicción o de competencia del tribunal, que hubo de proponer en forma de declinatoria según lo dispuesto en los artículos 63 y siguientes de esta Ley.

Pregunta 6.- Es de aplicación el artículo 431 LEC: *El juicio tendrá por objeto la práctica de las pruebas de declaración de las partes, testifical, informes orales y contradictorios de peritos, reconocimiento judicial en su caso y reproducción de palabras, imágenes y sonidos. Asimismo, una vez practicadas las pruebas, en el juicio se formularán las conclusiones sobre éstas.*

PRÁCTICA 22

CONCLUSIÓN ANORMAL DEL PROCESO

Pregunta 1.- Es de aplicación el artículo 19.1 LEC: *Los litigantes están facultados para disponer del objeto del juicio y podrán renunciar, desistir del juicio, allanarse, someterse a mediación o a arbitraje y transigir sobre lo que sea objeto del mismo, excepto cuando la ley lo prohíba o establezca limitaciones por razones de interés general o en beneficio de tercero.* En el caso de autos, el objeto del litigio viene referido al incumplimiento contractual por el impago de la parte del precio de compraventa correspondiente a una anualidad. La Ley no impide a las partes disponer del objeto del juicio en un supuesto tal, no existiendo tampoco limitaciones por razones de interés general o en beneficio de tercero.

Pregunta 2.- En este punto, es aplicable el apartado 2 del mismo artículo 19 LEC: *Si las partes pretendieran una transacción judicial y el acuerdo o convenio que alcanzaren fuere conforme a lo previsto en el apartado anterior, será homologado por el tribunal que esté conociendo del litigio al que se pretenda poner fin.*

Más aún, en la regulación de la Audiencia Previa, señala el artículo 415.1 LEC que: *Comparecidas las partes, el tribunal declarará abierto el acto y comprobará si subsiste el litigio entre ellas. Si manifestasen haber llegado a un acuerdo o se mostrasen dispuestas a concluirlo de inmediato, podrán desistir del proceso o solicitar del tribunal que homologue lo acordado.*

Por lo tanto, es posible que las partes lleguen a un acuerdo al comienzo de la Audiencia Previa, en cuyo caso, no se continuará con su celebración.

Pregunta 3.- La suspensión del proceso podría tener lugar si las partes así lo solicitan de cara a intentar un acuerdo a través de mediación. Así, ha de señalarse el artículo 415.3 LEC inciso tercero: *Las partes de común acuerdo podrán también solicitar la suspensión del proceso de conformidad con lo previsto en el apartado 4 del artículo 19, para someterse a mediación.*

Ha de mencionarse por tanto el artículo 19.4 LEC: *las partes podrán solicitar la suspensión del proceso, que será acordada por el Letrado de la Admi-*

nistración de Justicia. La suspensión se llevará a cabo mediante el dictado de decreto, y tendrá una duración máxima de sesenta días.

Pregunta 4.- El acuerdo será homologado por el tribunal que esté conociendo del litigio al que se pretenda poner fin. El órgano competente para conocer del litigio sería el Juzgado de Primera Instancia (competencia objetiva y funcional) de Aranda de Duero (competencia territorial). Ello de acuerdo con los artículos 85 LOPJ, 45 LEC, 61 LEC y 52 LEC. Será éste el órgano encargado de la homologación de la transacción, lo cual se llevará a cabo por medio de auto, en atención al artículo 206.1.2.º LEC.

La homologación, llevará aparejada la ejecución, de conformidad con el artículo 517.2.3.º LEC.

Preguntas test

1	b
2	c
3	a
4	a
5	b

PRÁCTICA 23

MEDIOS DE IMPUGNACIÓN DE RESOLUCIONES

Pregunta 1.- Cabe la interposición de recurso de apelación ante la Audiencia Provincial de Almería. Ello en aplicación del artículo 455.2.2.º LEC: *Conocerán de los recursos de apelación las Audiencias Provinciales, cuando las resoluciones apelables hayan sido dictadas por los Juzgados de Primera Instancia de su circunscripción.*

Pregunta 2.- Las partes dispondrán de un plazo de 20 días para la interposición del recurso, a contar desde la notificación de la sentencia del Juzgado de Primera Instancia núm. 6 de Almería. Ello de conformidad con el artículo 458.1 LEC: *El recurso de apelación se interpondrá, cumpliendo en su caso con lo dispuesto en el artículo 276, ante el tribunal que sea competente para conocer del mismo, en el plazo de veinte días desde la notificación de la resolución impugnada, debiendo acompañarse copia de dicha resolución.*

Pregunta 3.- De conformidad con el artículo 458.4 LEC, en su inciso tercero: *Contra la resolución por la que se tenga por interpuesto el recurso de apelación no cabrá recurso alguno.* Ahora bien, señala igualmente el precepto que la parte recurrida podrá alegar la inadmisibilidad de la apelación en el trámite de oposición al recurso a que se refiere el artículo 461 LEC.

Pregunta 4.- En segunda instancia, la LEC limita las pruebas que pueden aportarse a las siguientes (artículo 460):

- Las que hubieren sido indebidamente denegadas en la primera instancia, siempre que se hubiere intentado la reposición de la resolución denegatoria o se hubiere formulado la oportuna protesta en la vista.

- Las propuestas y admitidas en la primera instancia que, por cualquier causa no imputable al que las hubiere solicitado, no hubieren podido practicarse, ni siquiera como diligencias finales.

– Las que se refieran a hechos de relevancia para la decisión del pleito ocurridos después del comienzo del plazo para dictar sentencia en la primera instancia o antes de dicho término siempre que, en este último caso, la parte justifique que ha tenido conocimiento de ellos con posterioridad.

Pregunta 5.- El escrito de interposición del recurso de apelación deberá citar las normas que se consideren infringidas y alegar, en su caso, la indefensión sufrida. Además, el apelante deberá acreditar que denunció oportunamente la infracción, si hubiere tenido oportunidad procesal para ello.

Preguntas test

1	c
2	a
3	b
4	d
5	c

PRÁCTICA 24

JUICIO VERBAL

Pregunta 1.- El procedimiento habrá de seguir los cauces del juicio verbal con fundamento en el artículo 250.2 de la LEC, al no exceder la cuantía del proceso de 15.000 euros. Ello de conformidad a lo dispuesto en el art. 251.5.ª de la LEC, correspondiéndose el camino de acceso con la vigésima parte del valor de los predios dominante y sirviente, calculado en un valor de 9.550 euros.

Pregunta 2.- Se llevará a cabo por medio de decreto del LAJ. Es de aplicación el artículo 438.1 LEC, por el cual: *El letrado o letrada de la Administración de Justicia, examinada la demanda, la admitirá por decreto o dará cuenta de ella al tribunal en los supuestos del artículo 404 para que resuelva lo que proceda. Admitida la demanda, dará traslado de ella al demandado para que la conteste por escrito en el plazo de diez días conforme a lo dispuesto para el juicio ordinario.*

Pregunta 3.- No nos encontramos ante ninguno de los supuestos para los cuales los artículos 23.2 y 31.2 LEC prevén el carácter facultativo, respectivamente, de la representación por procurador y de la asistencia letrada. Por lo tanto, la postulación es preceptiva. Precisamente por este motivo, no cabe la interposición de demanda sucinta, pues señala el artículo 437.2 LEC que: *en los juicios verbales en que no se actúe con abogado y procurador, el demandante podrá formular una demanda sucinta.*

Pregunta 4.- Es de aplicación el artículo 442.1 LEC, por el cual: *Si el demandante no asistiese a la vista, y el demandado no alegare interés legítimo en la continuación del proceso para que se dicte sentencia sobre el fondo, se tendrá en el acto por desistido a aquél de la demanda, se le impondrán las costas causadas y se le condenará a indemnizar al demandado comparecido, si éste lo solicitare y acreditare los daños y perjuicios sufridos.*

Preguntas test

1	b
2	b
3	c
4	d
5	a

COLECCIÓN
FORO
PROCESAL

COLEX

TÍTULOS PUBLICADOS

1 Práctica de tribunales. Derecho Procesal Civil.
Parte General

DESCUBRA MÁS OBRAS EN:

www.colex.es

Editorial Colex SL   Tel.: 910 600 164   info@colex.es